J'appartiens à

Graphisme en s'amusant

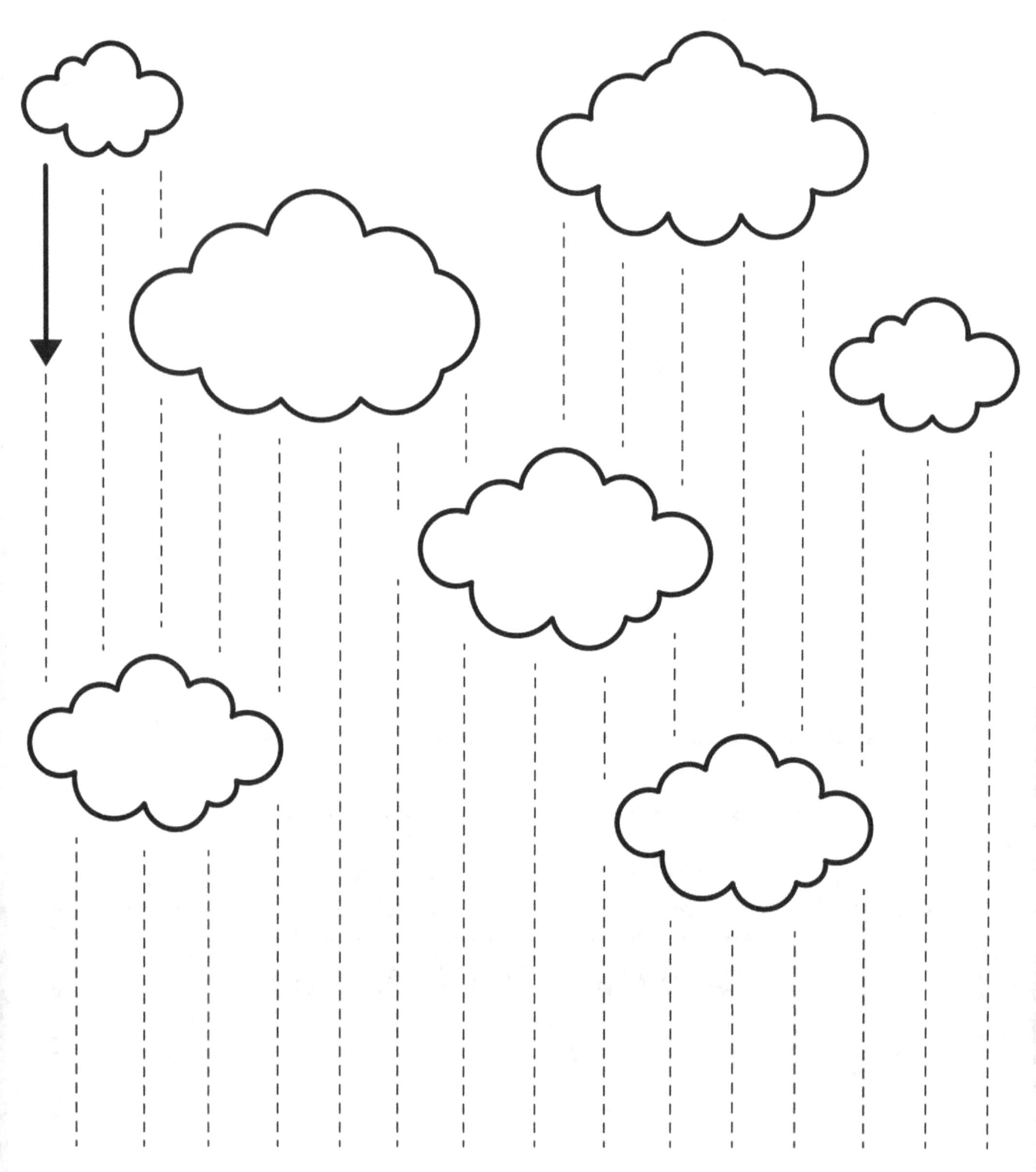

Graphisme en s'amusant

Graphisme en s'amusant

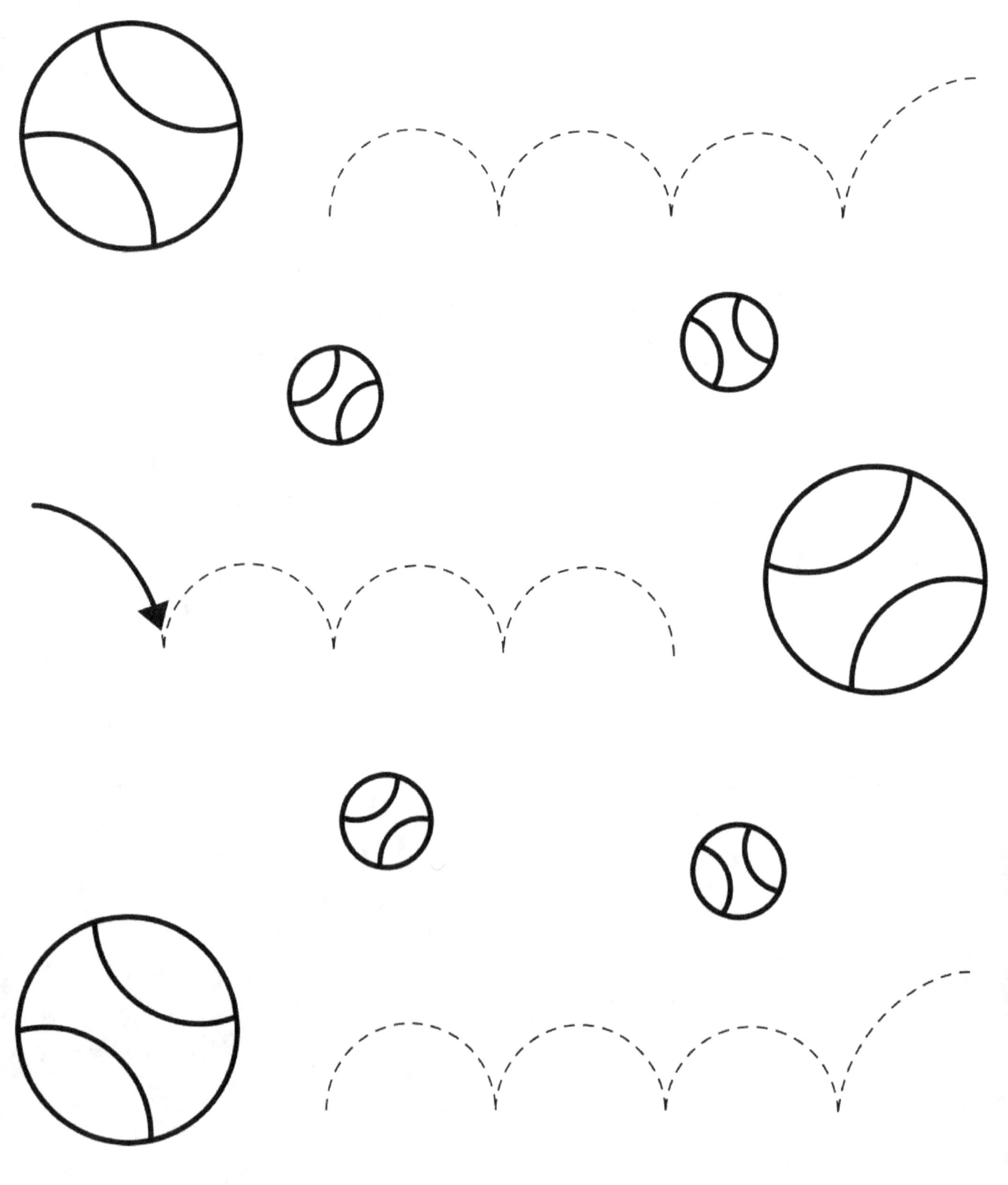

Graphisme en s'amusant

Graphisme en s'amusant

Graphisme en s'amusant

Graphisme en s'amusant

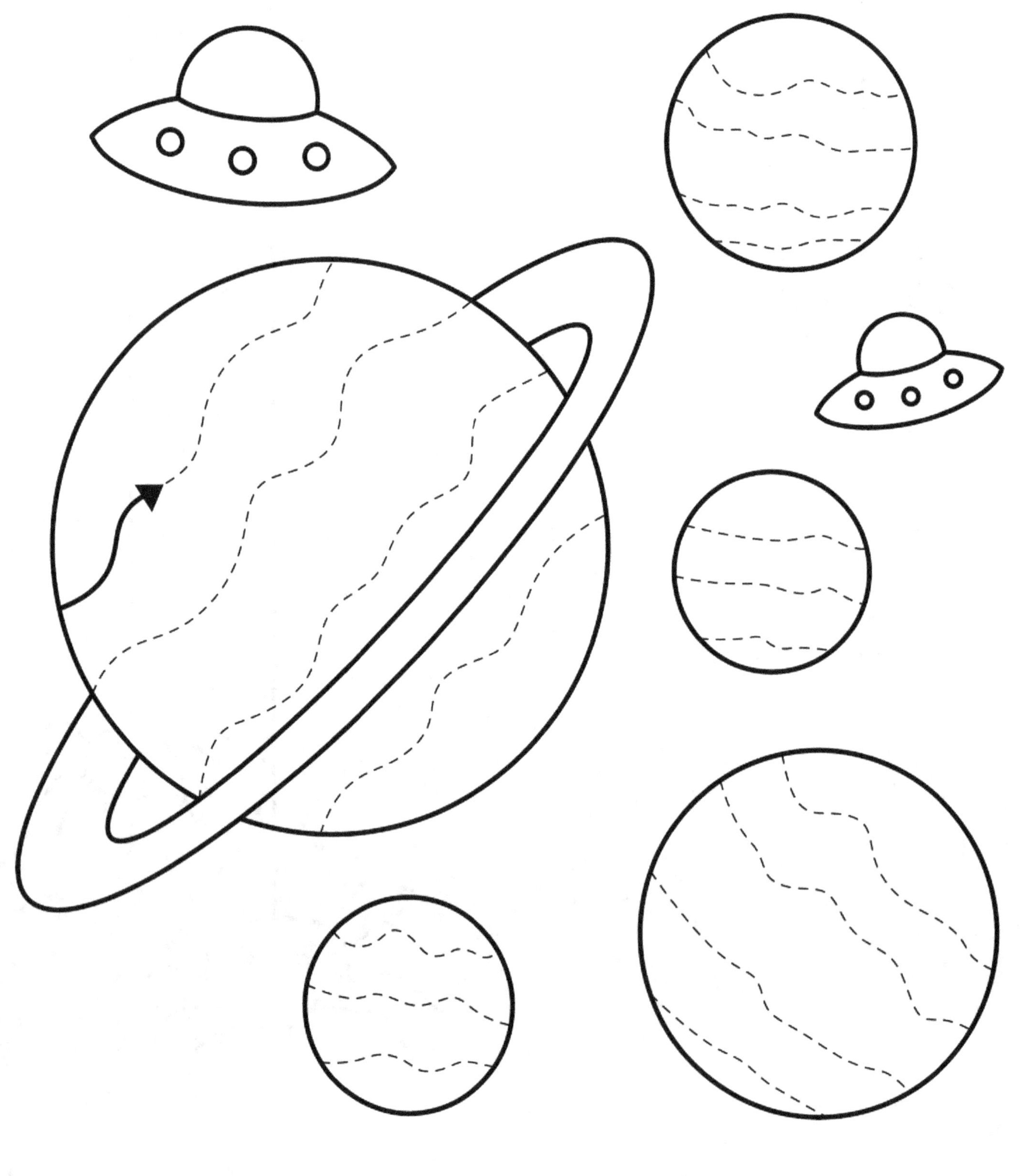

Graphisme en s'amusant

<u>Graphisme en s'amusant</u>

Graphisme en s'amusant

Graphisme en s'amusant

Graphisme en s'amusant

Colorie la lettre A-a

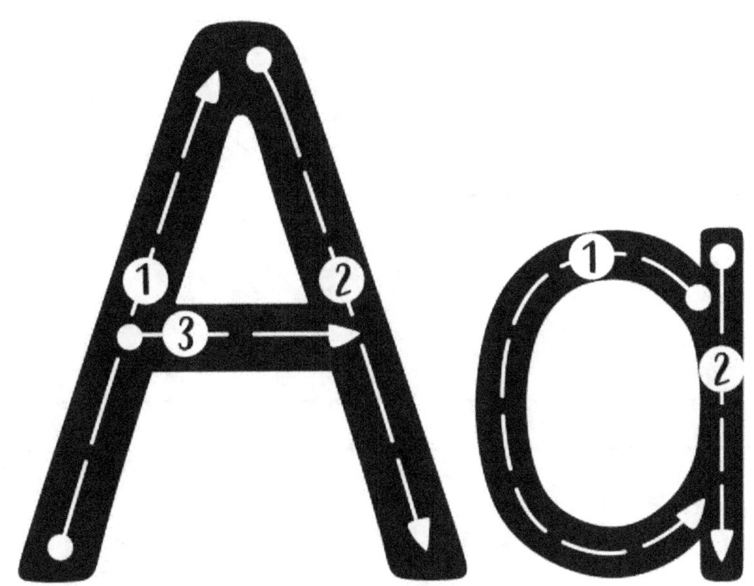

Abeille

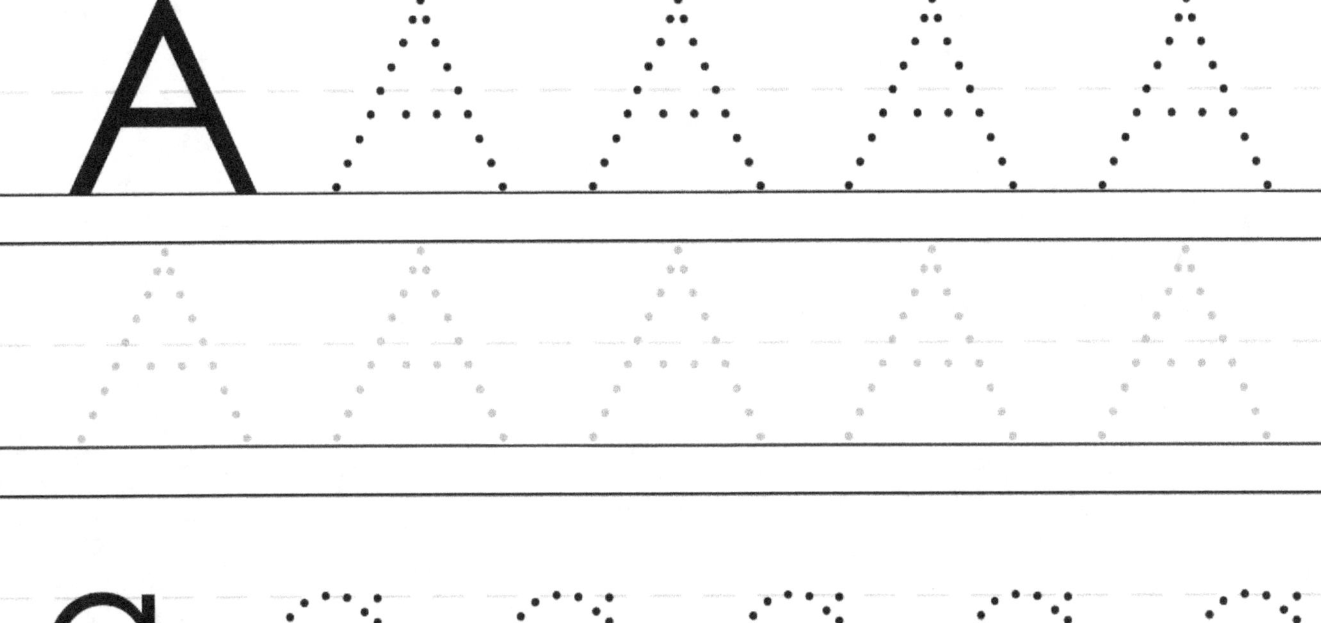

A

A B C D E F G H I J K L M N O P Q R S T U V W X Y Z

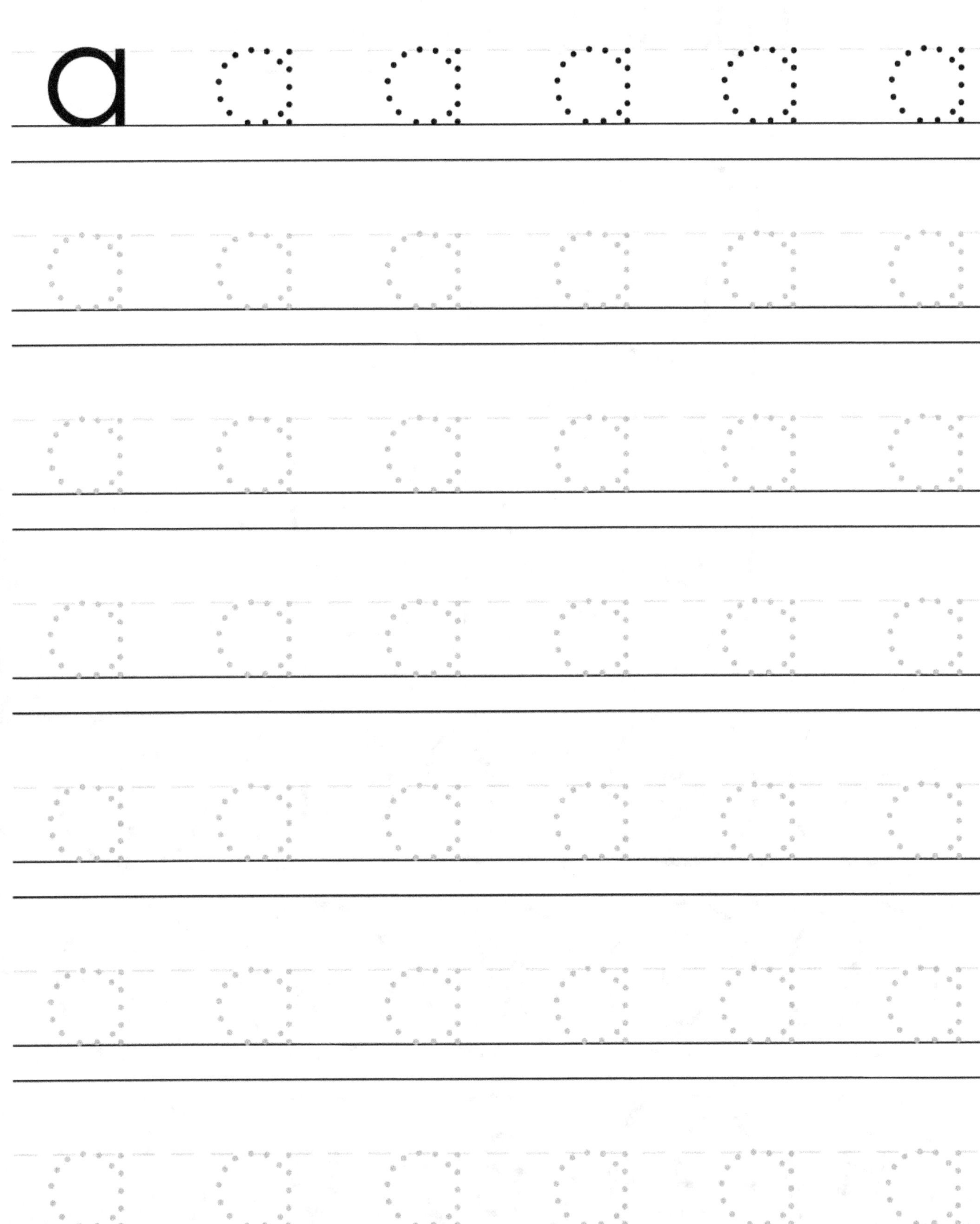

Colorie la lettre B-b

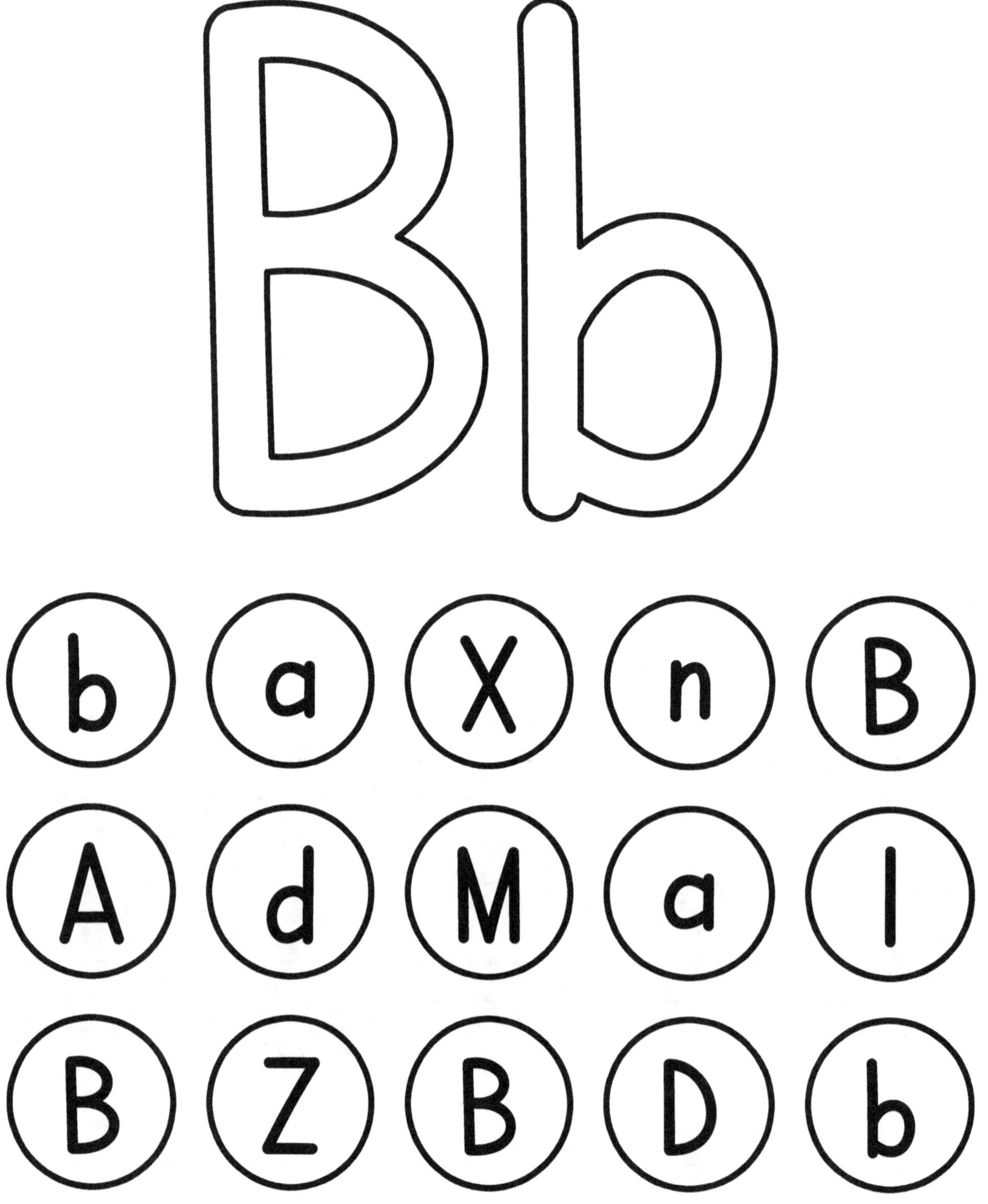

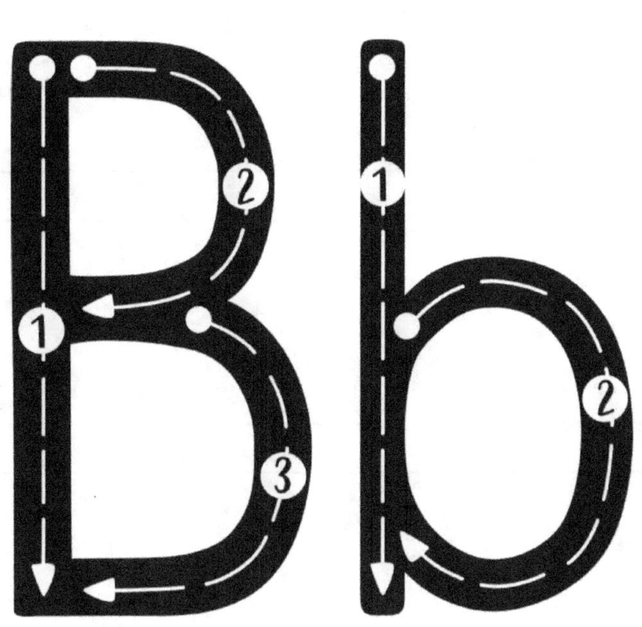

Bateau

B

b

A B C D E F G H I J K L M N O P Q R S T U V W X Y Z

B

b b b b b b

Colorie la lettre C-c

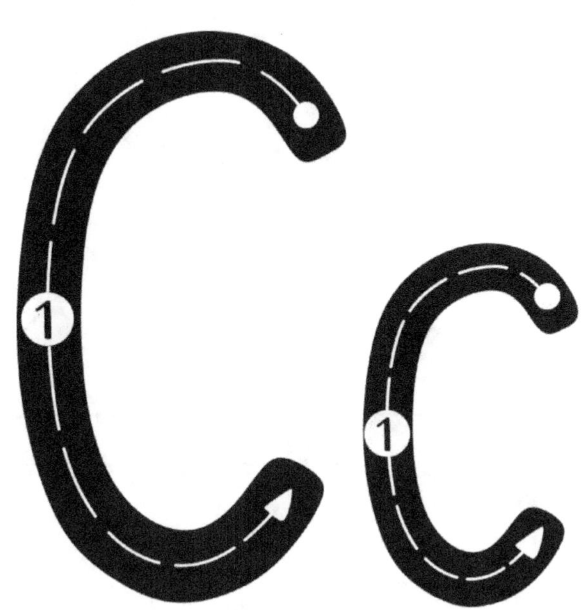

Cadeau

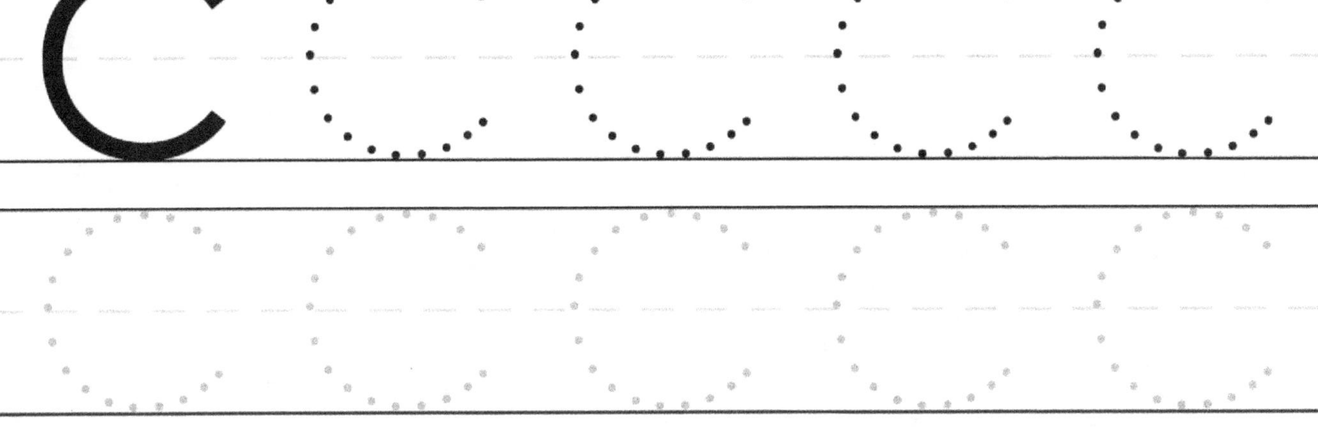

C C C C C

A B C D E F G H I J K L M N O P Q R S T U V W X Y Z

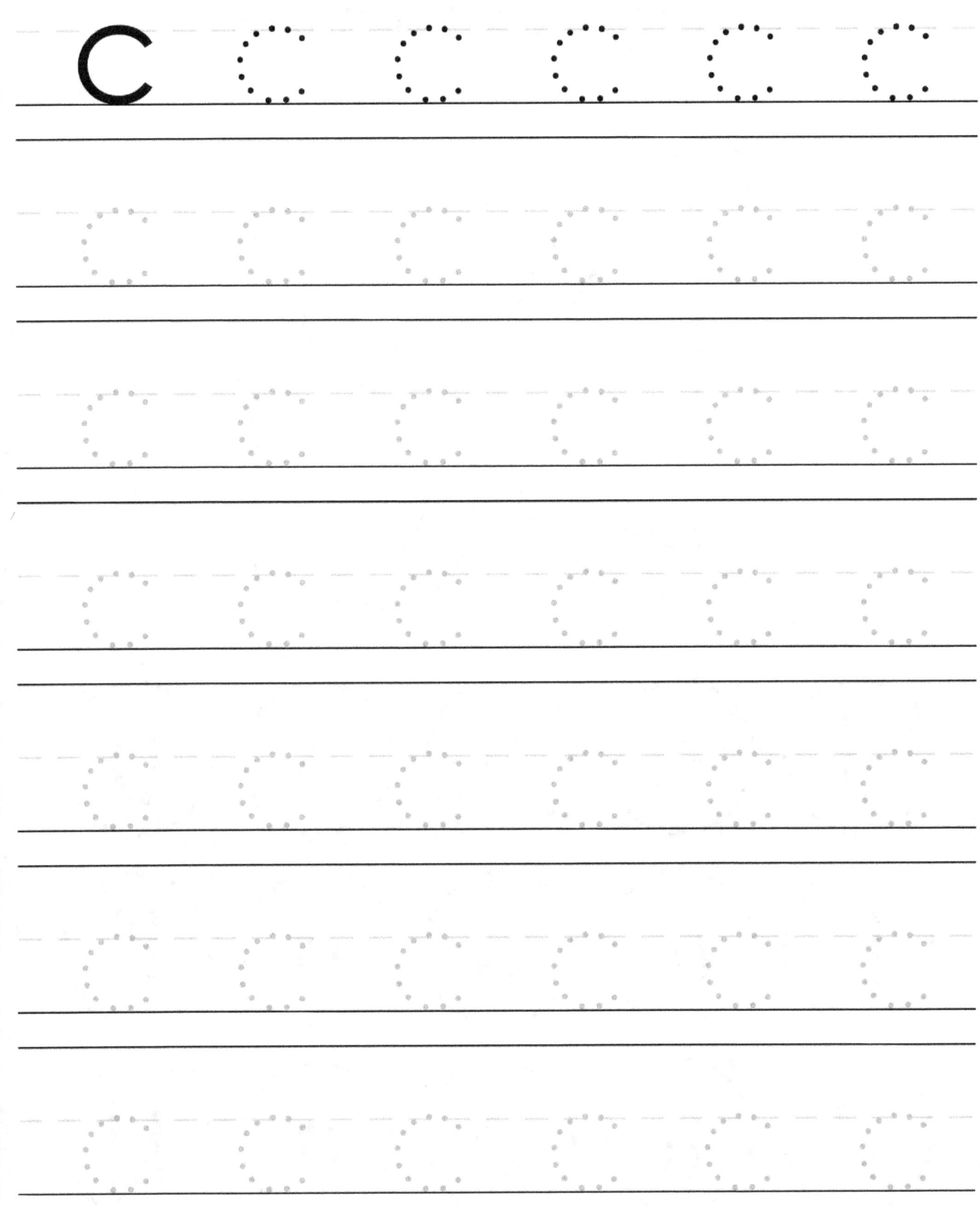

Colorie la lettre D–d

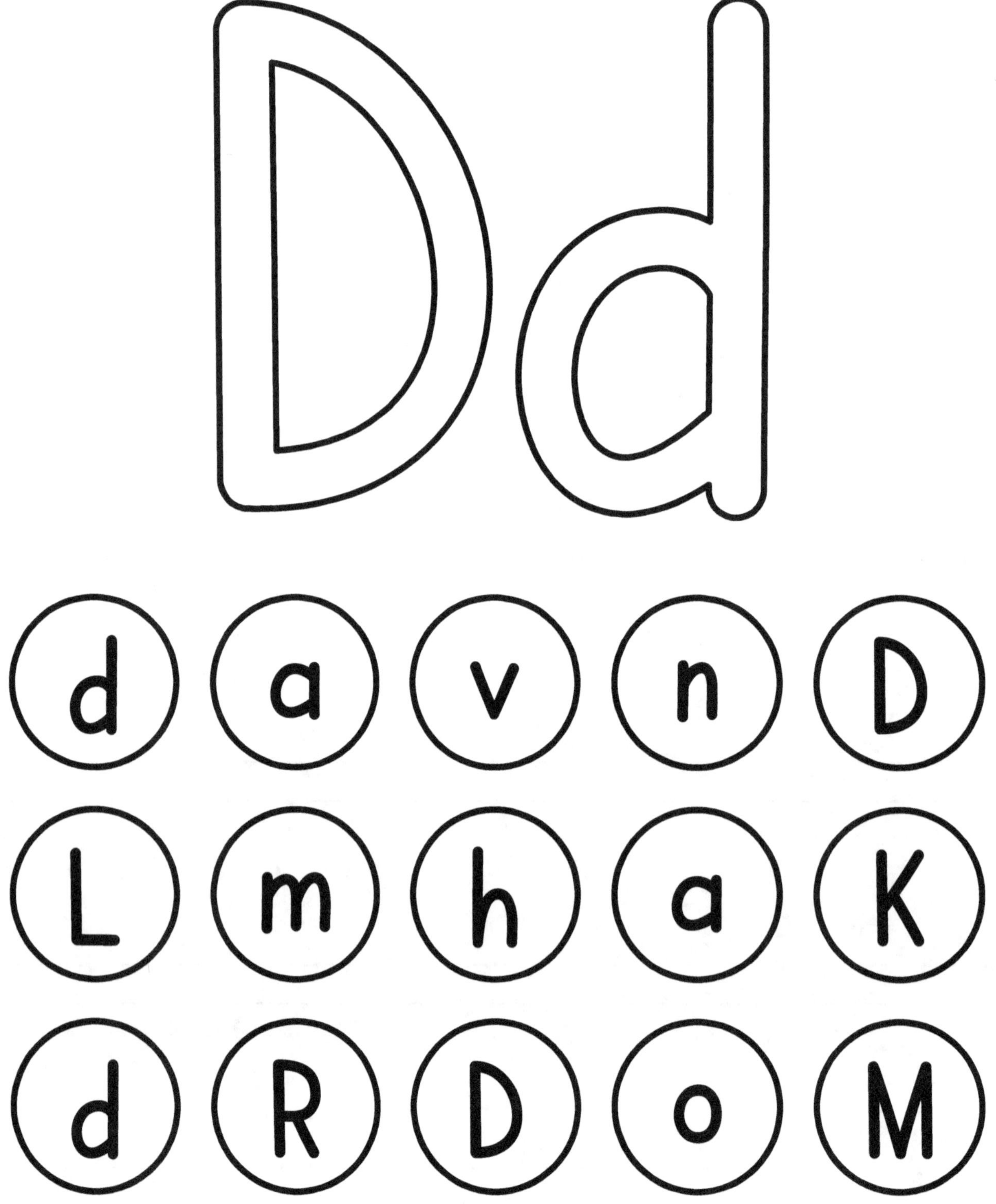

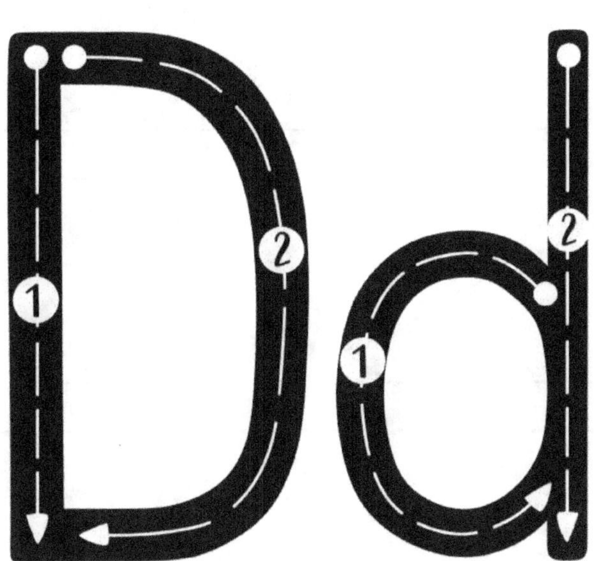

Dinosaure

D

d

D

d d d d d d

Colorie la lettre E-e

Etoile

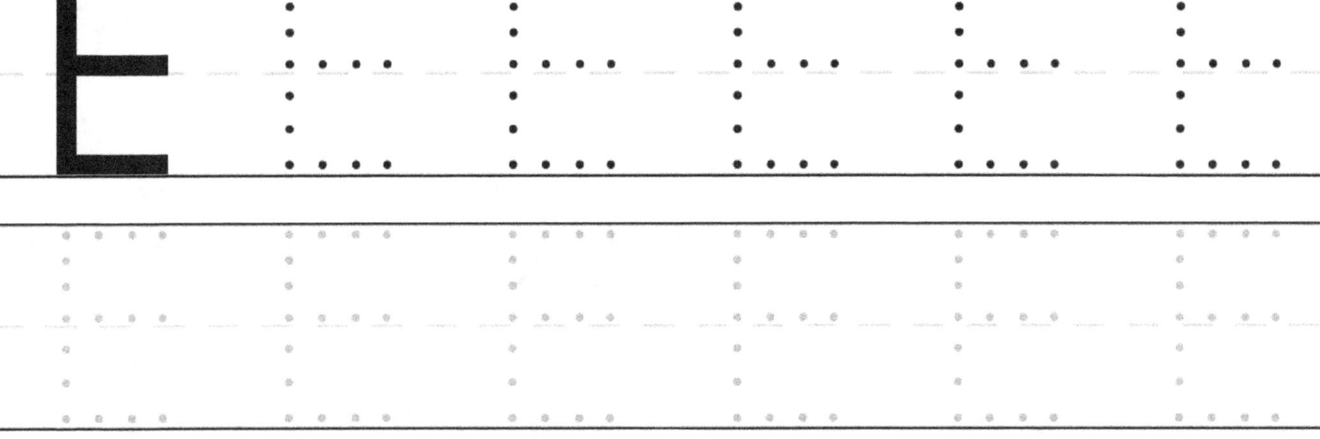

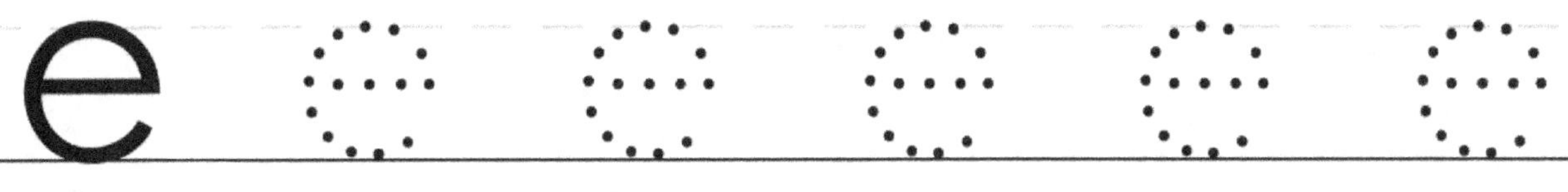

E

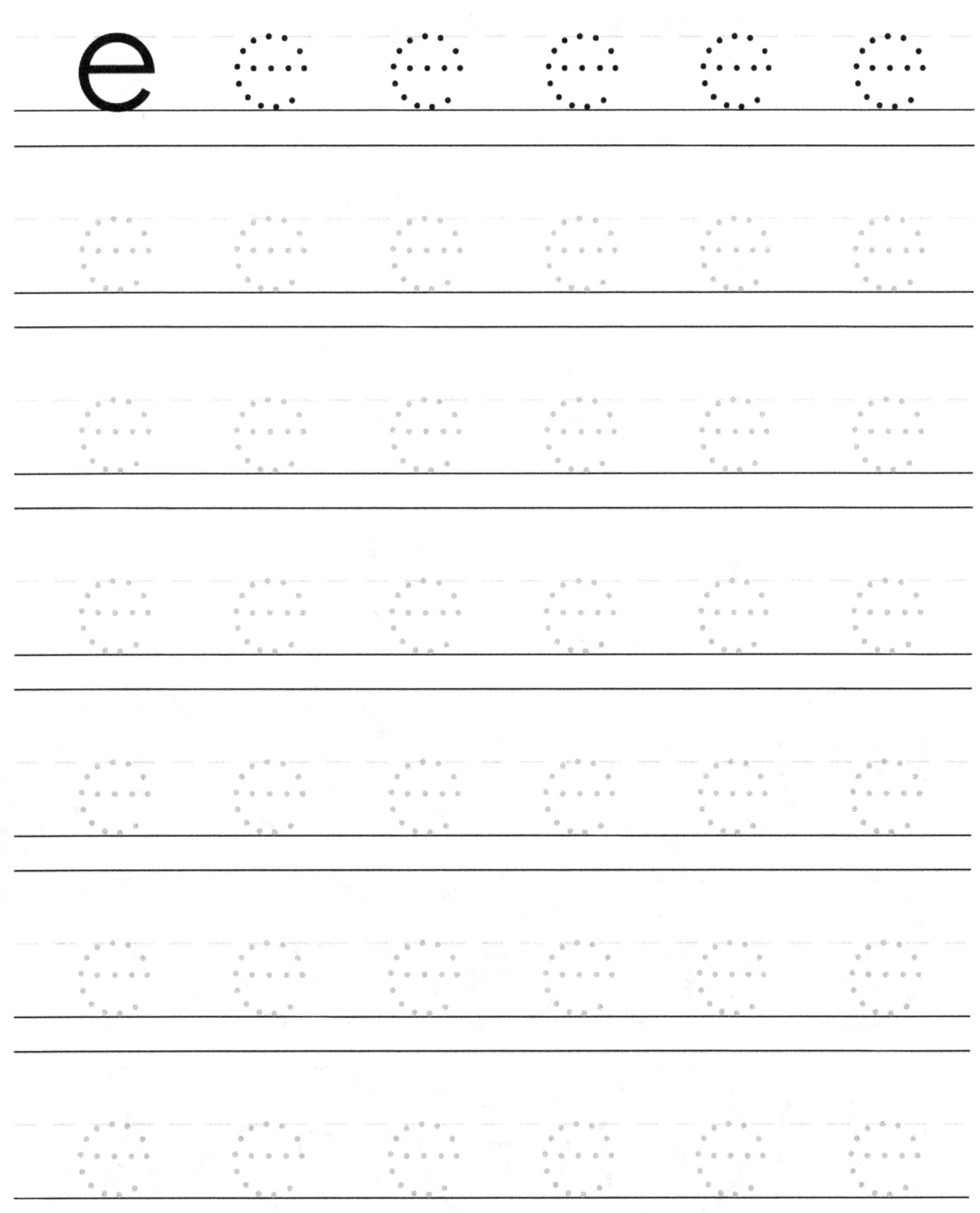

Colorie la lettre F-f

A B C D E **F** G H I J K L M N O P Q R S T U V W X Y Z

F f

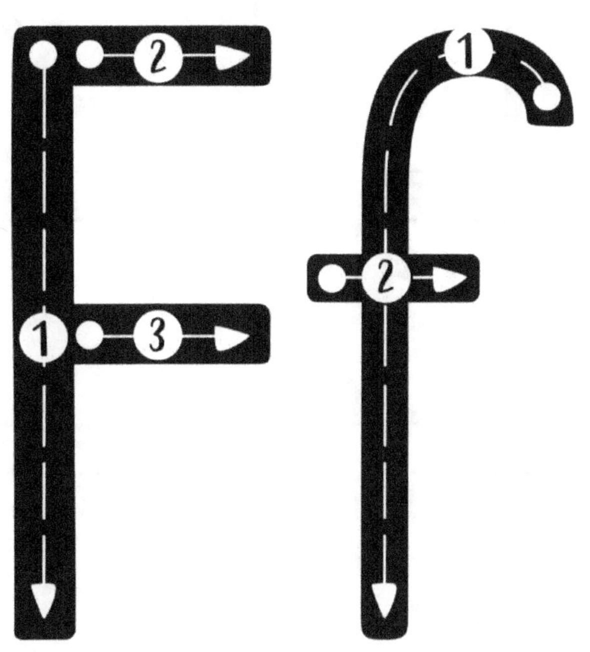

Fraise

F

f

F

f

Colorie la lettre G–g

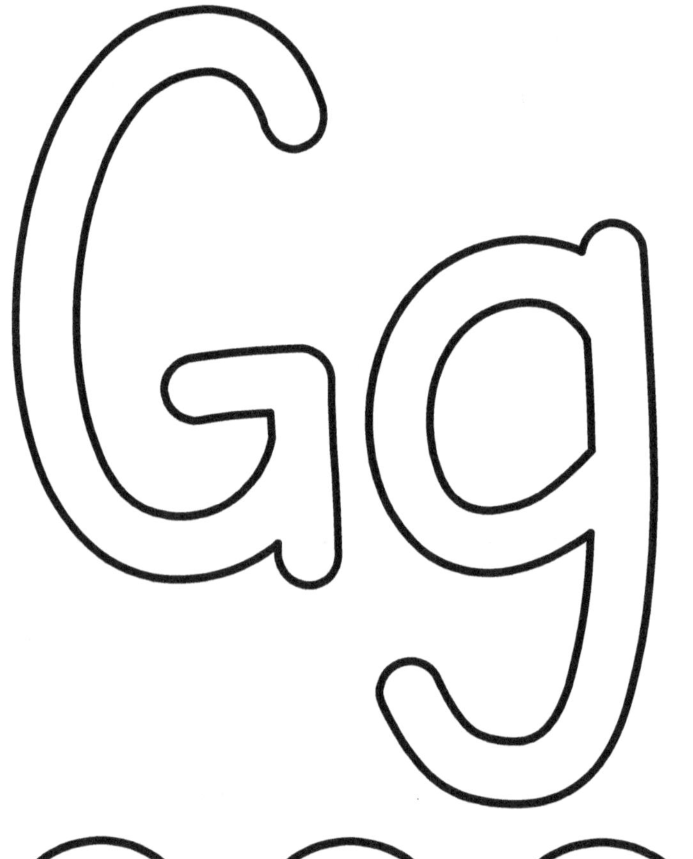

D a U g G

H G O u T

g d G m A

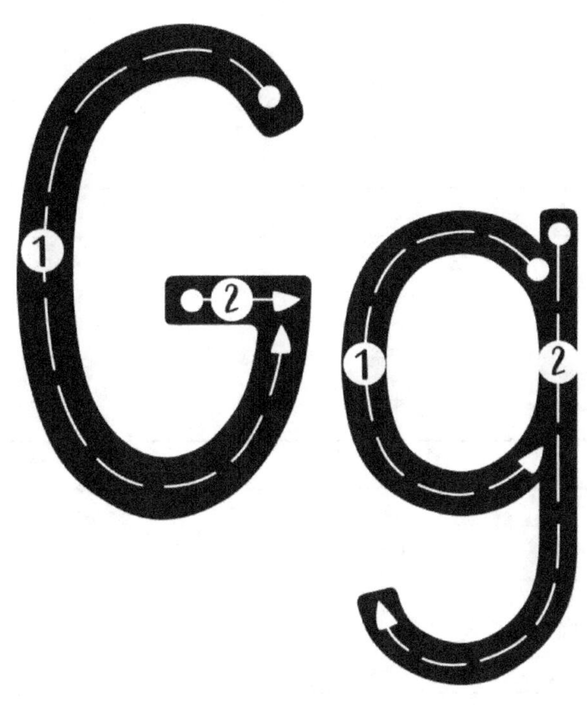

Grenouille

G

g

A B C D E F **G** H I J K L M N O P Q R S T U V W X Y Z

G G G G G G

A B C D E F G H I J K L M N O P Q R S T U V W X Y Z

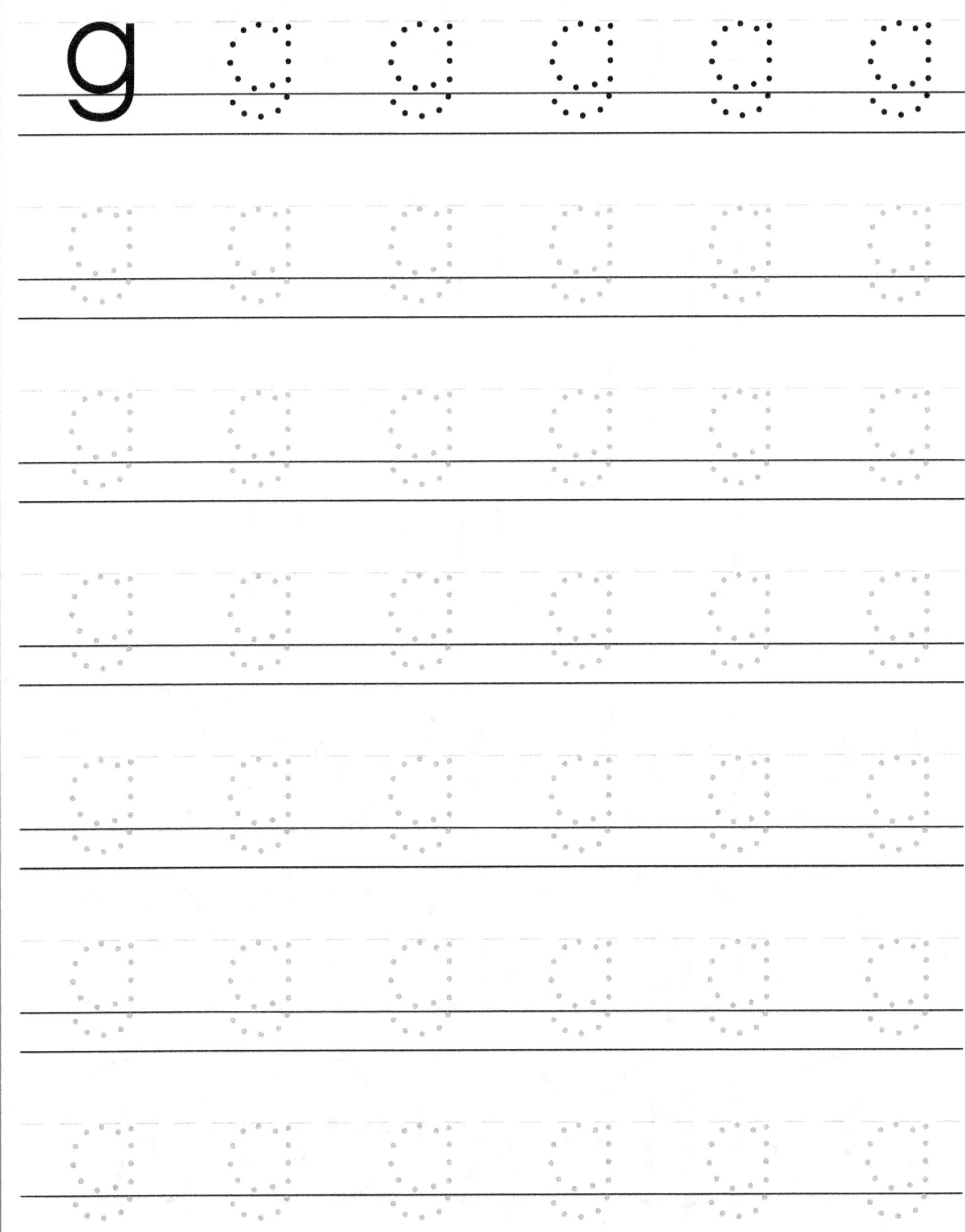

Colorie la lettre H-h

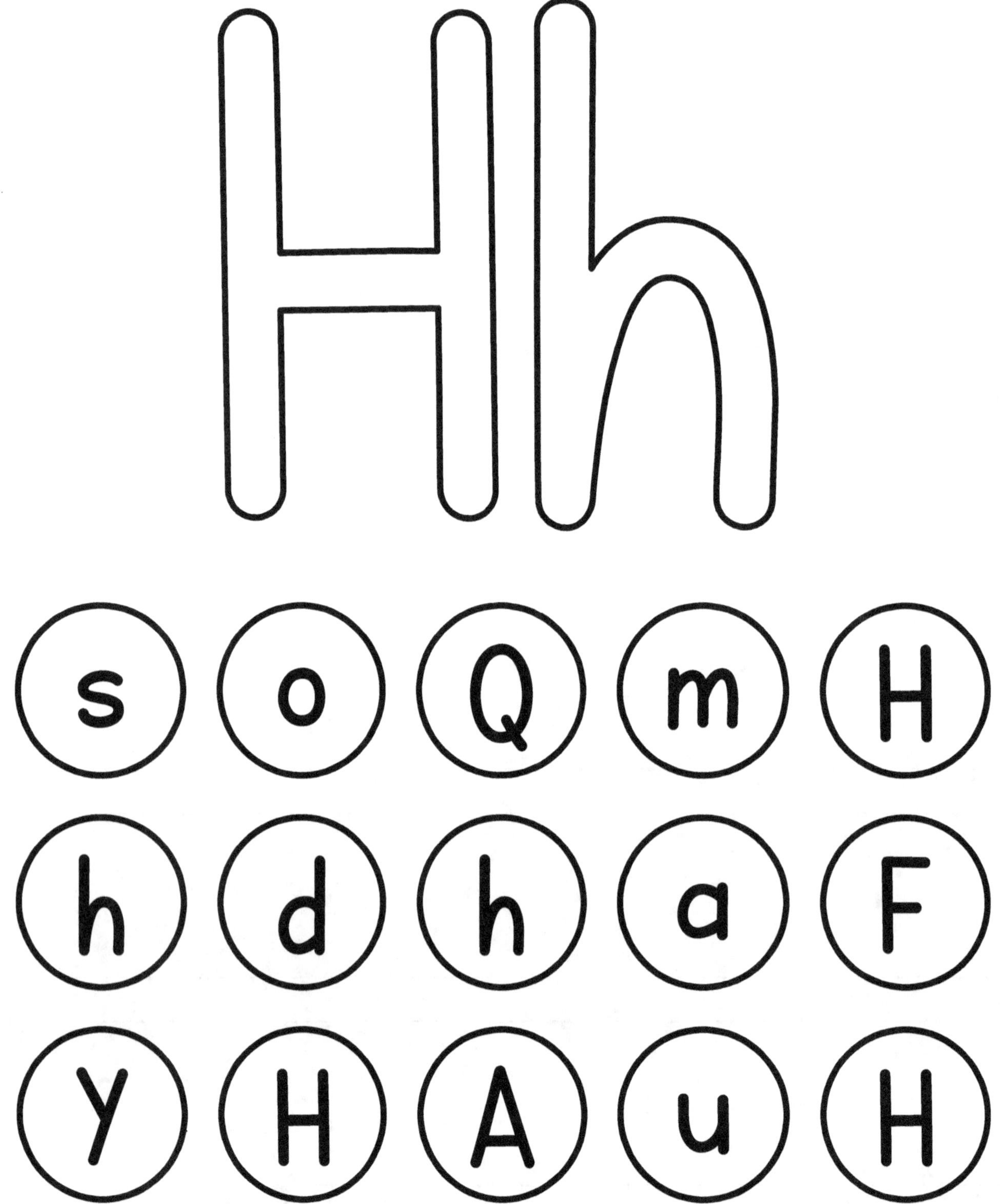

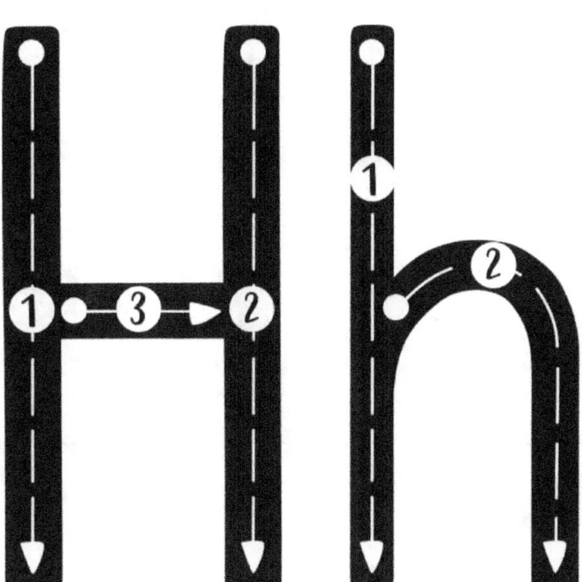

Hibou

H

h

H

h h h h h h

Colorie la lettre I-i

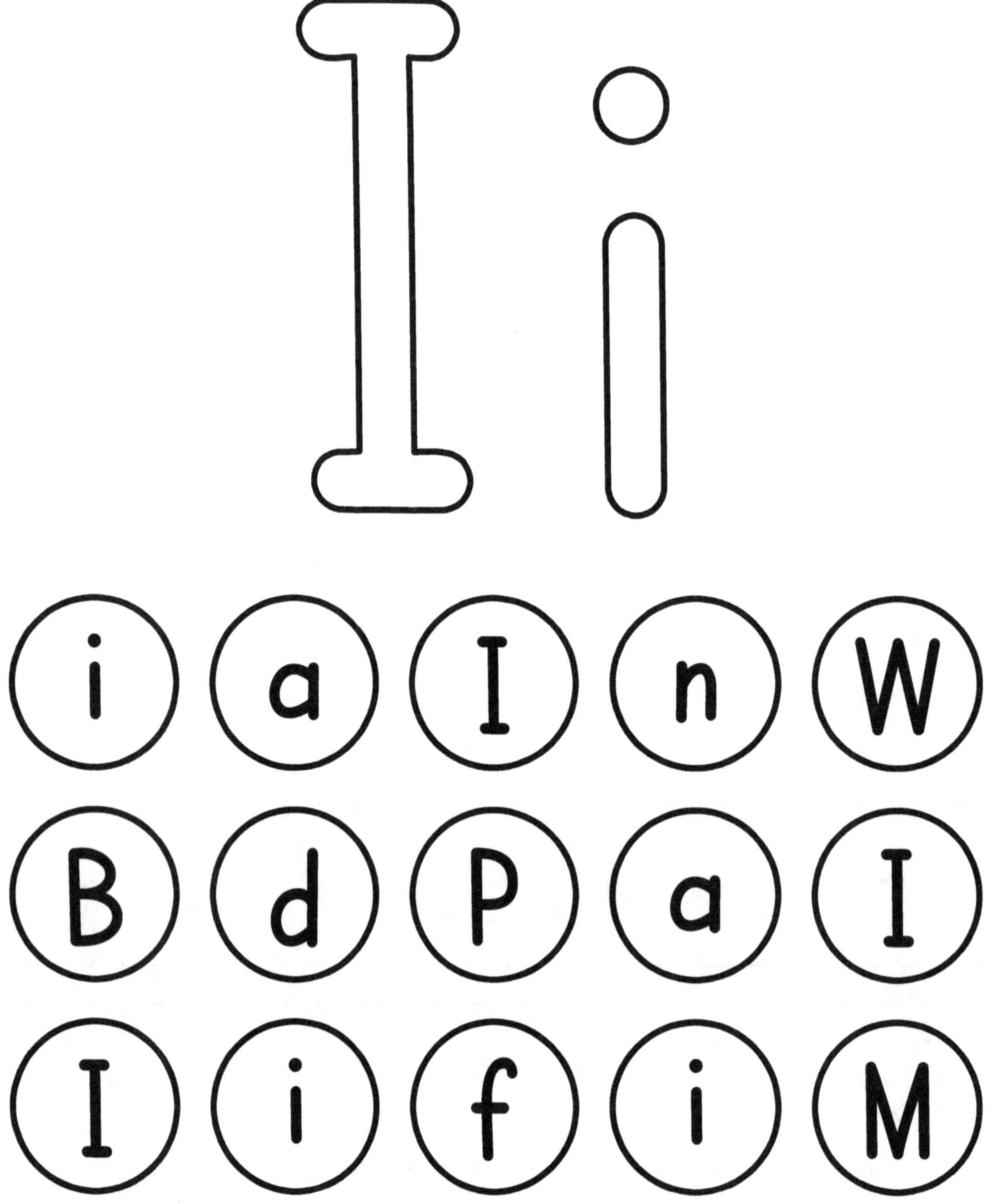

A B C D E F G H **I** J K L M N O P Q R S T U V W X Y Z

Iglou

I

i

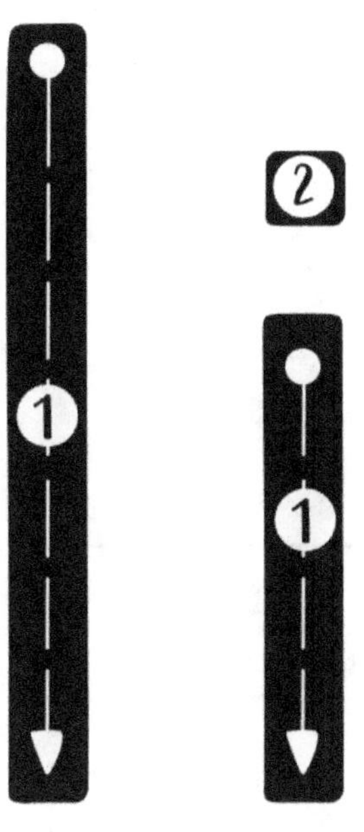

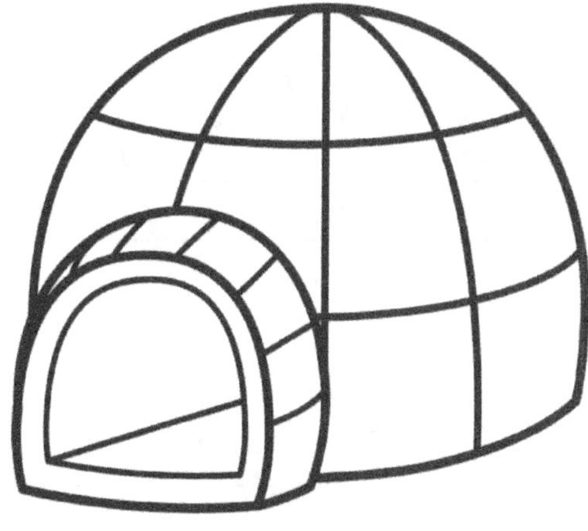

i

Colorie la lettre J-j

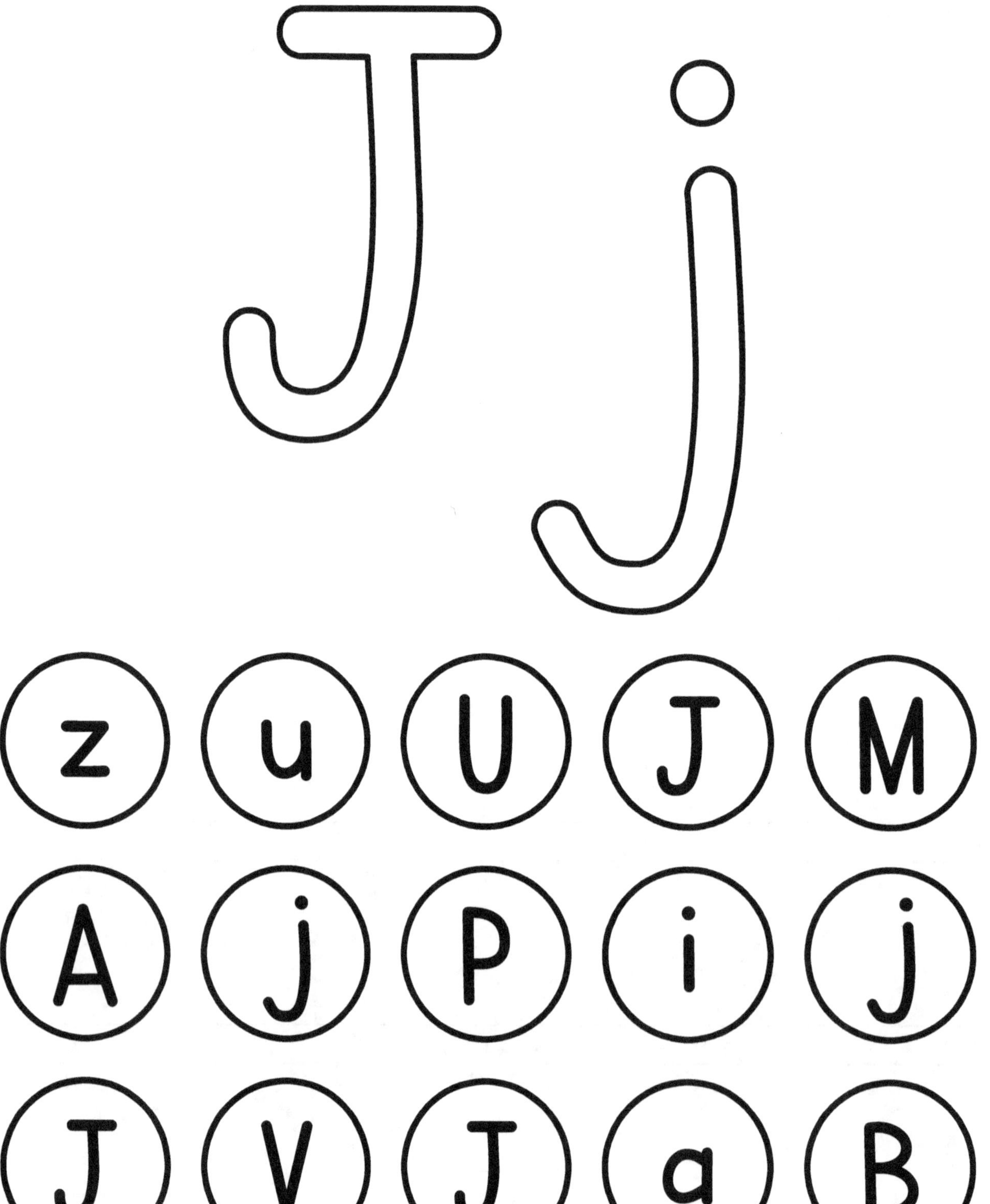

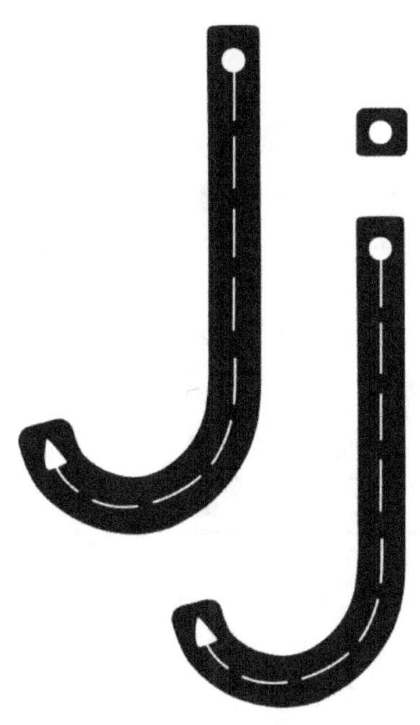

Jus

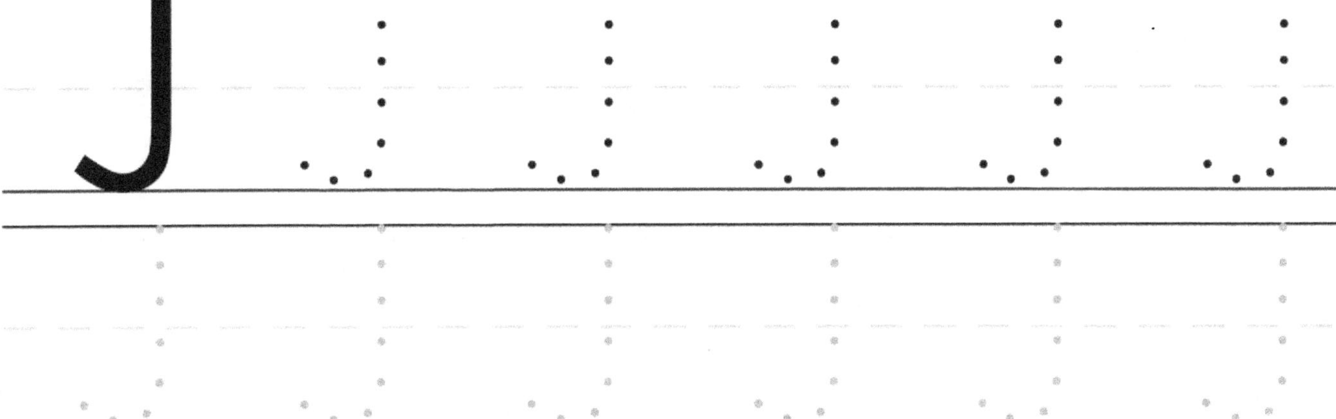

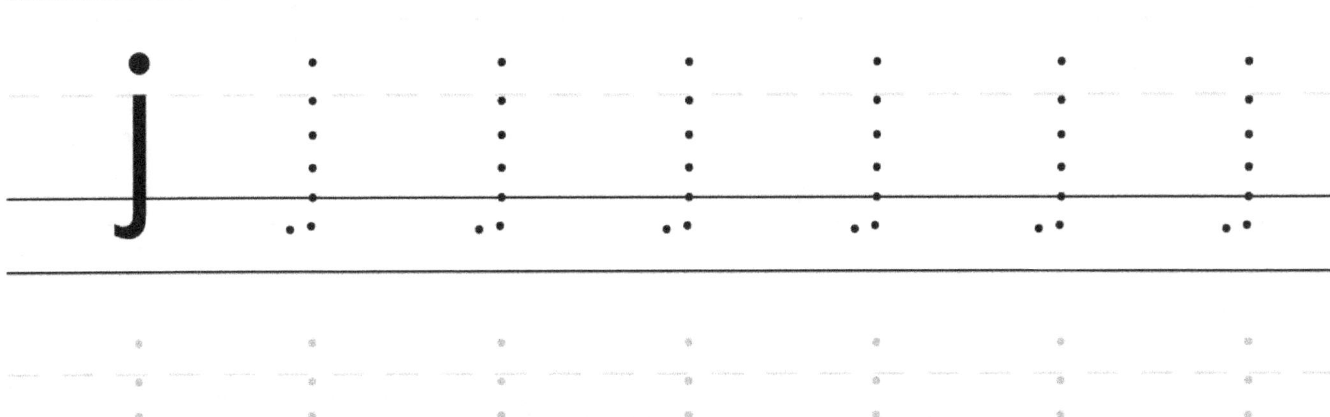

J

j

Colorie la lettre K-k

A B C D E F G H I J **K** L M N O P Q R S T U V W X Y Z

Kk

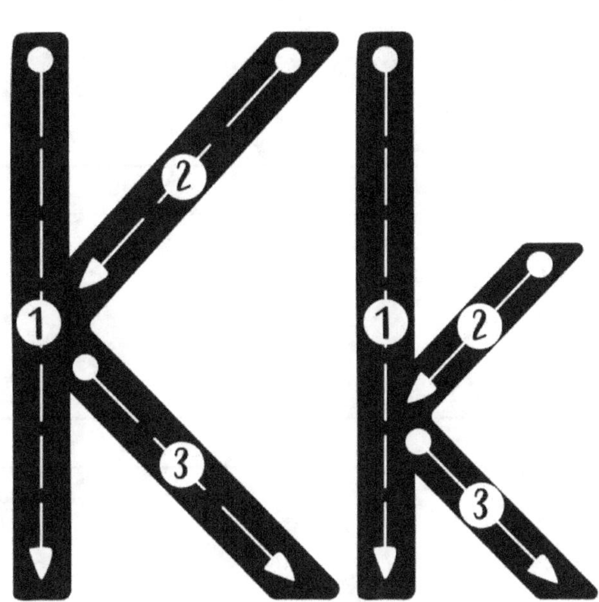

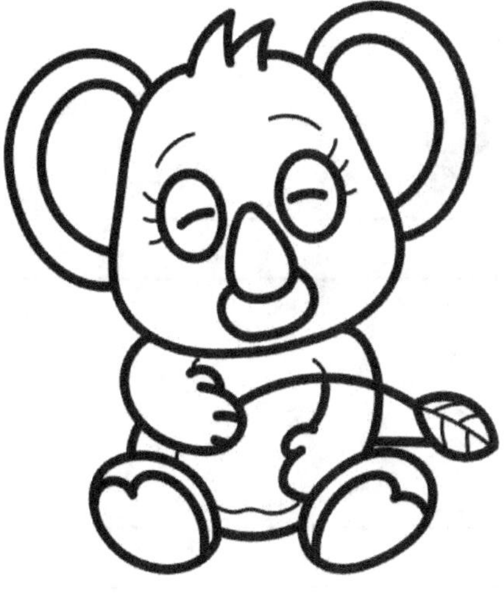

Koala

K

k

K

K

Colorie la lettre L-l

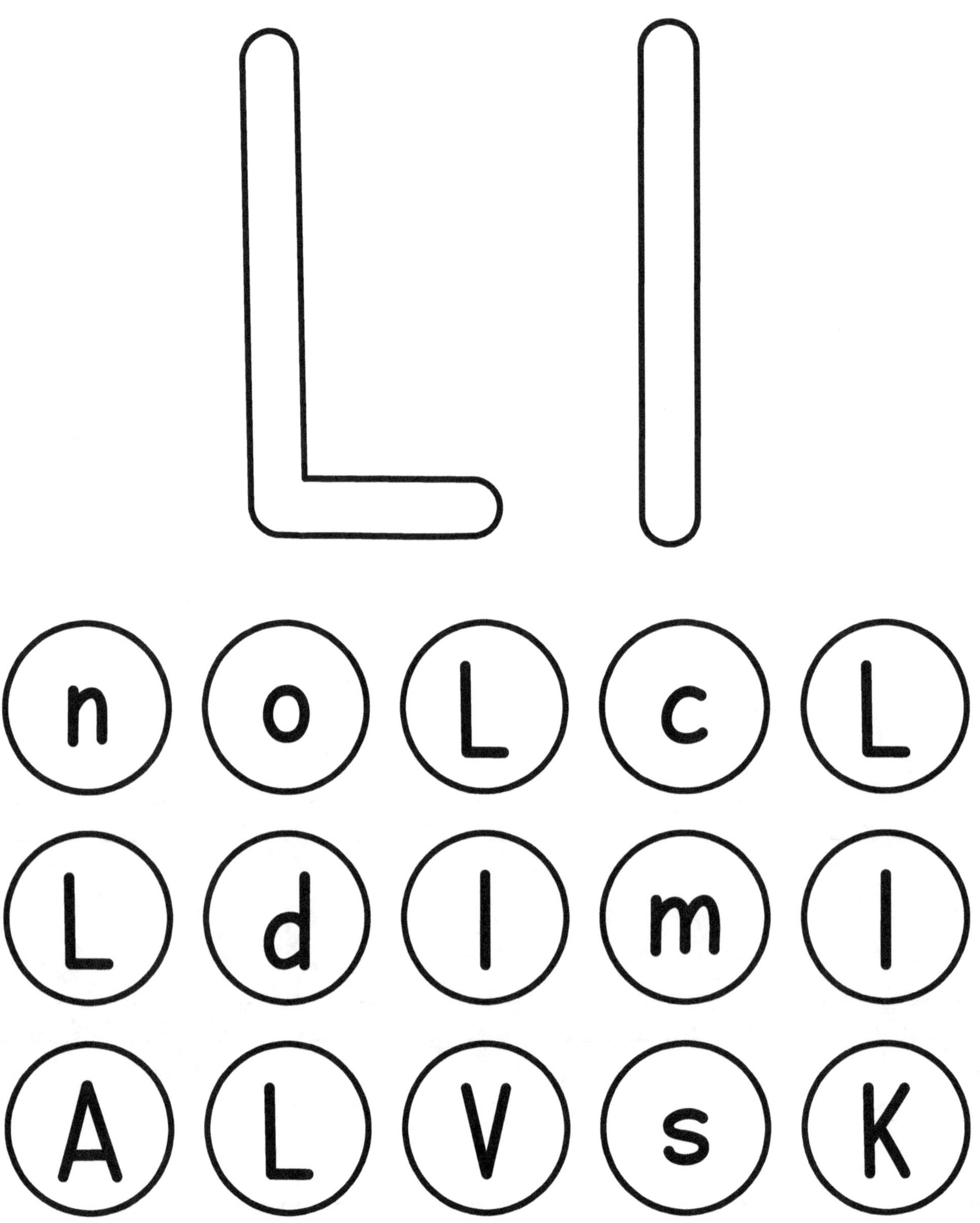

A B C D E F G H I J K L M N O P Q R S T U V W X Y Z

L l

Lion

L

l

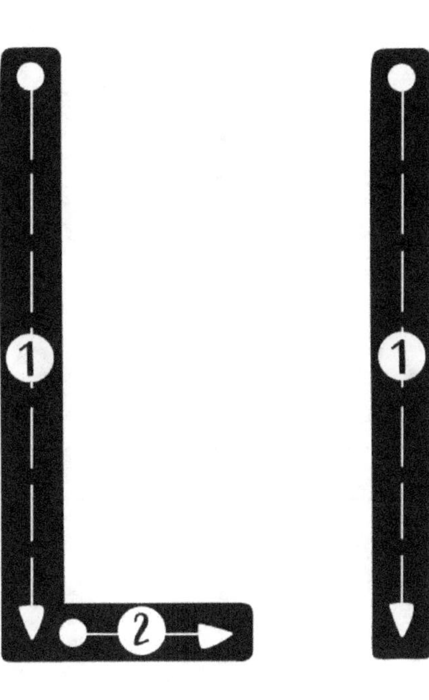

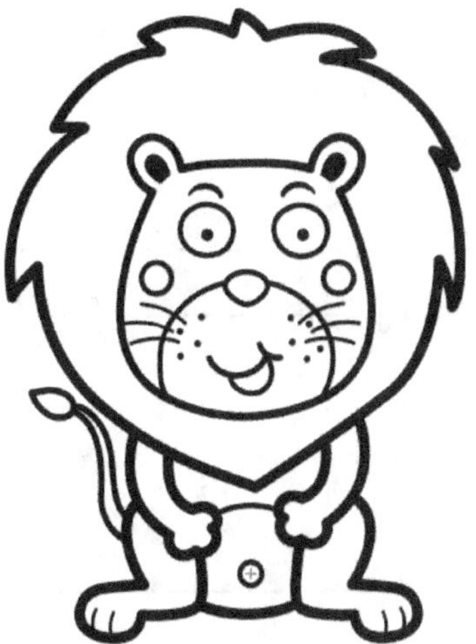

Colorie la lettre M-m

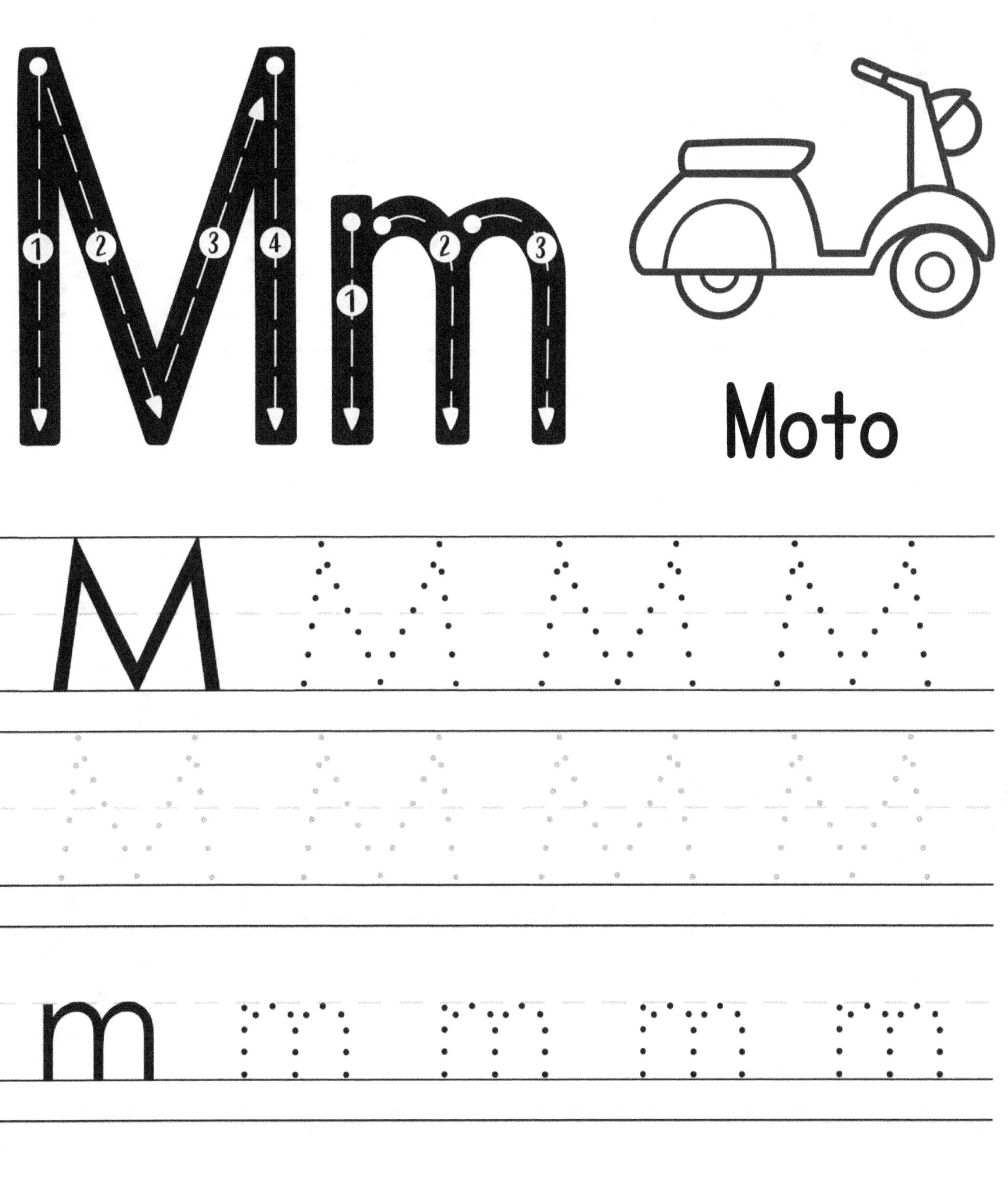
Mm
Moto
M
m

M

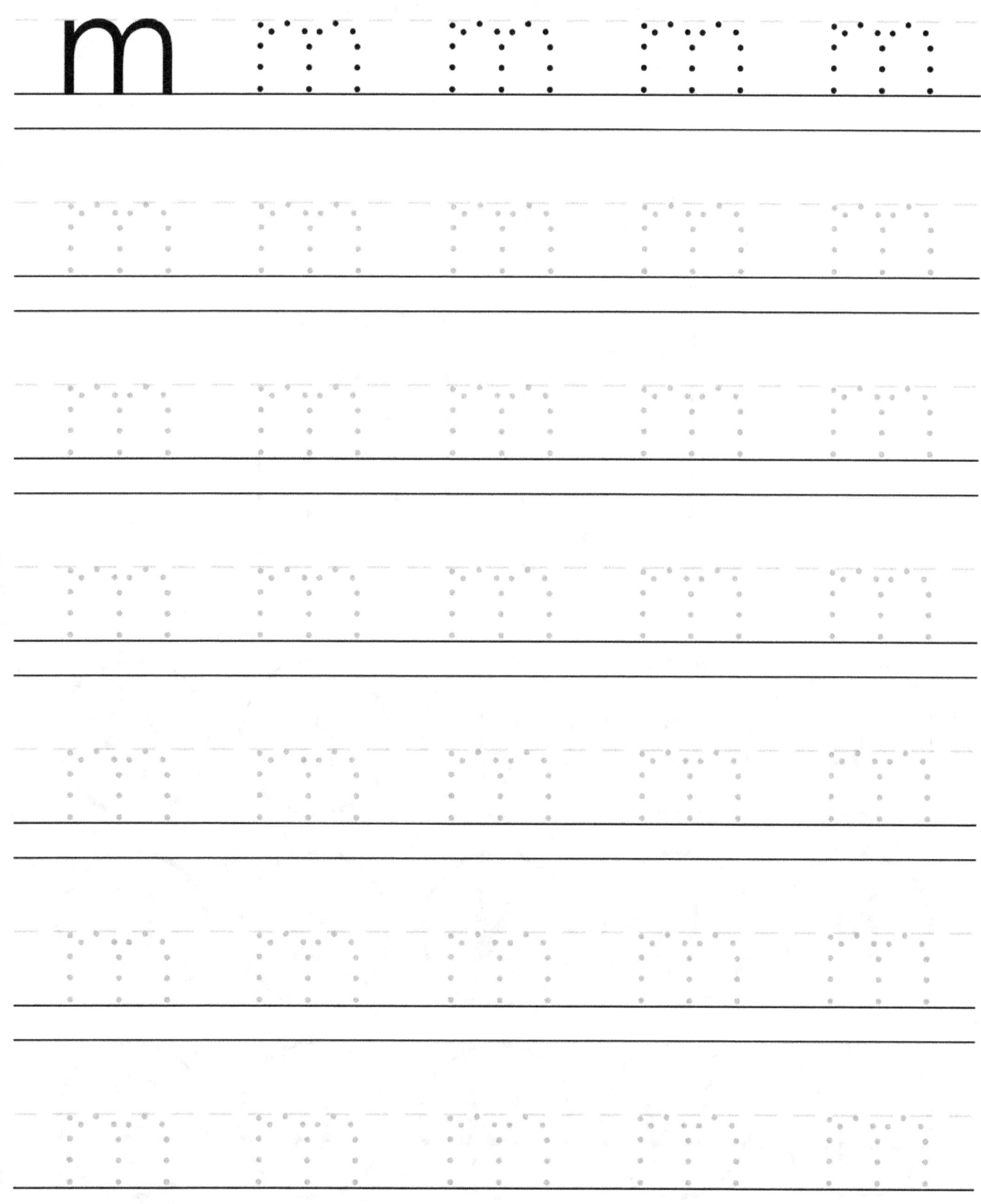

Colorie la lettre N–n

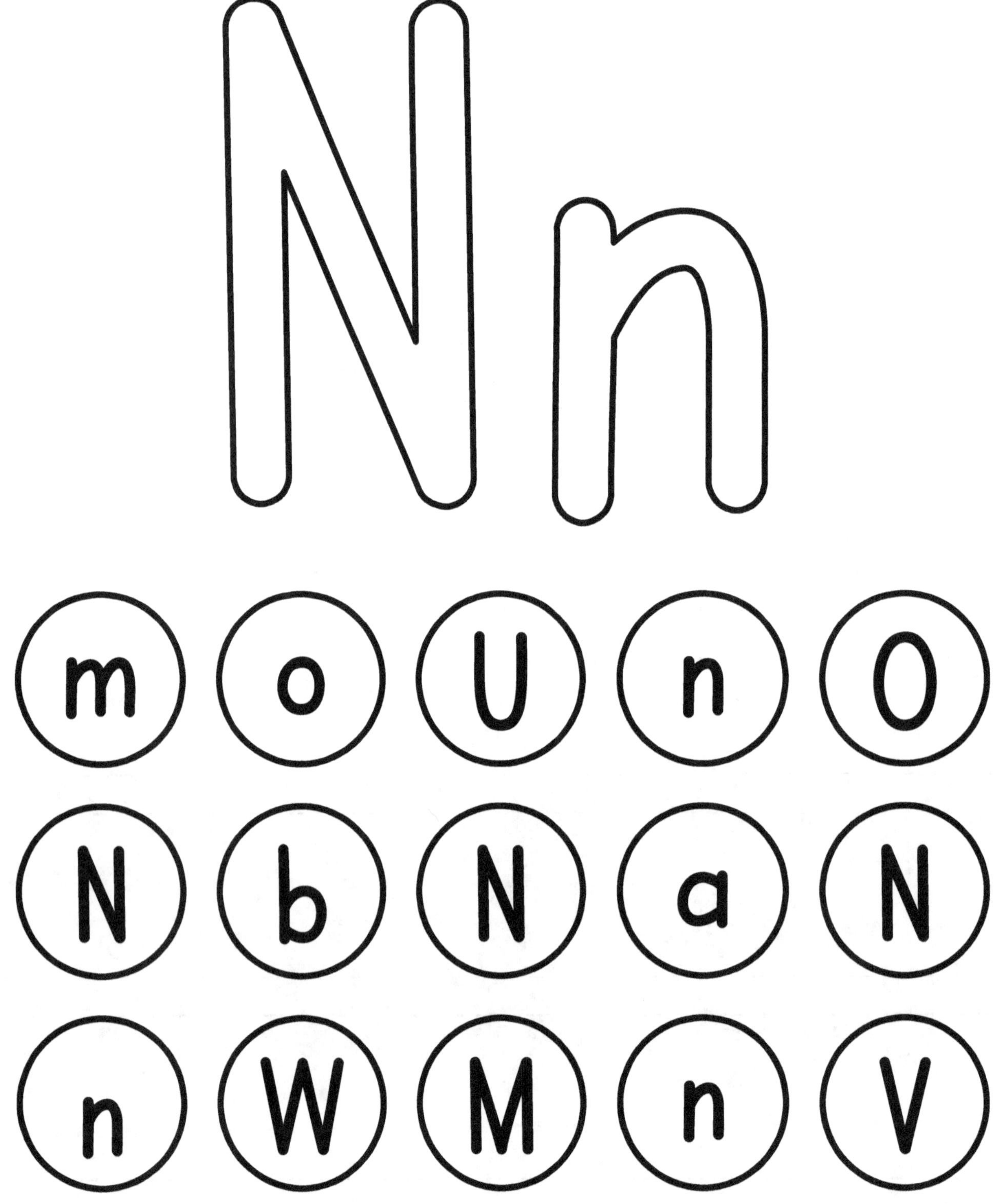

Niche

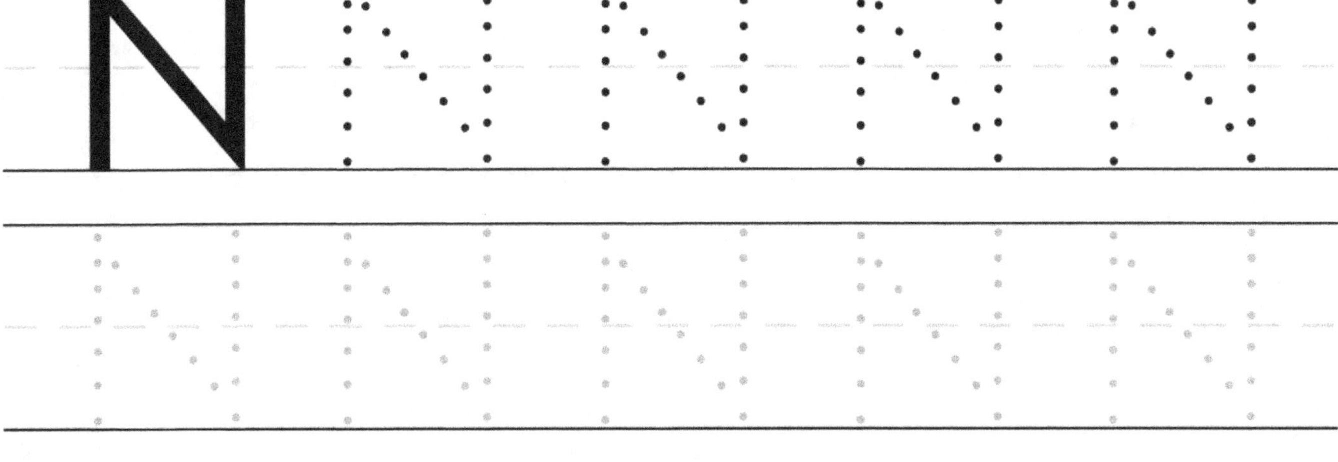

N

n

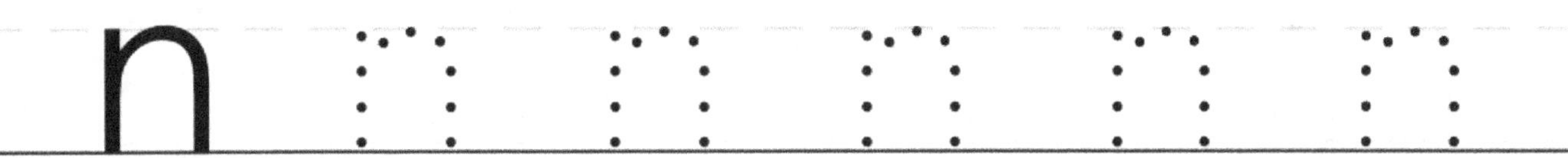

N N N N N N

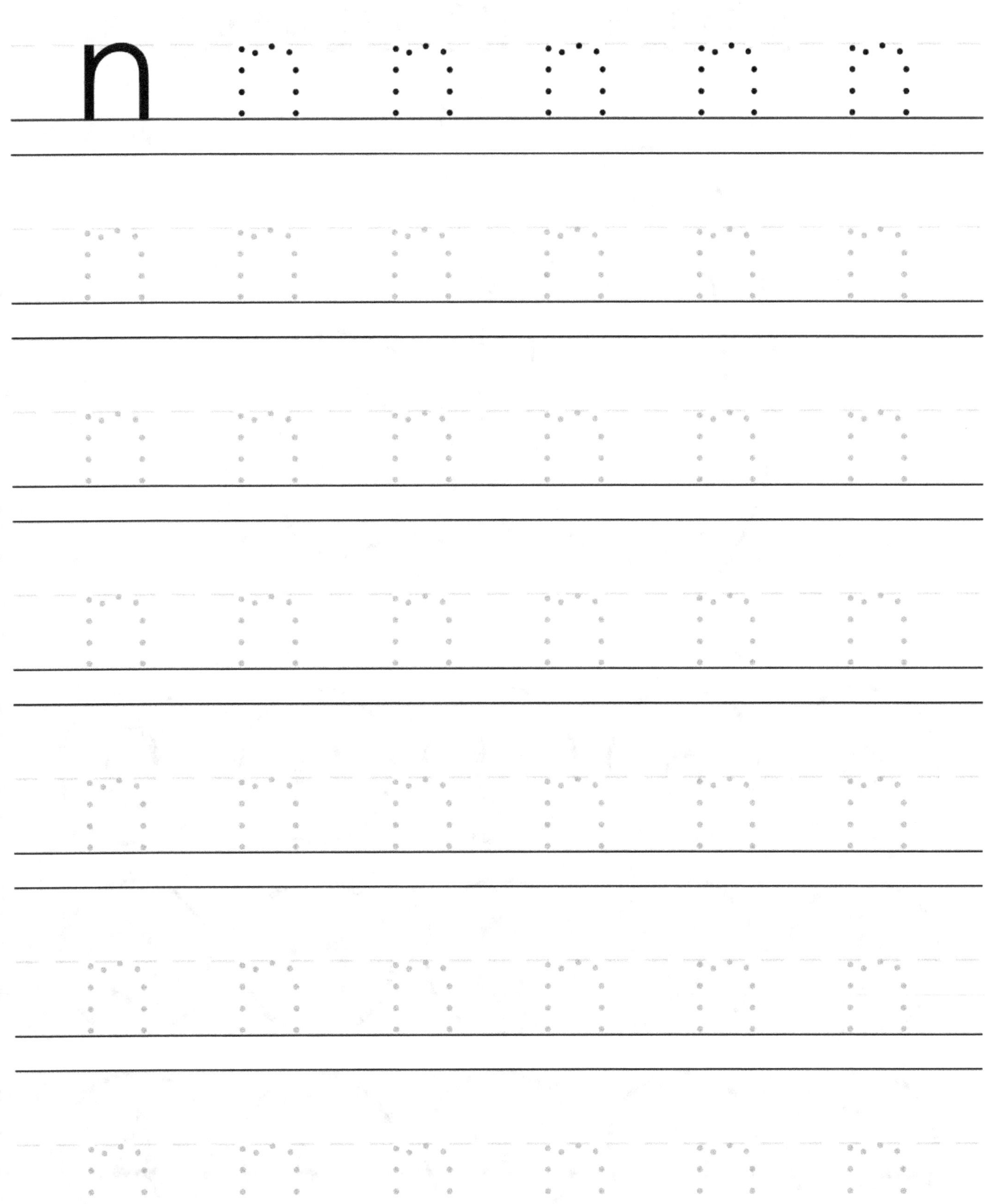

Colorie la lettre O-o

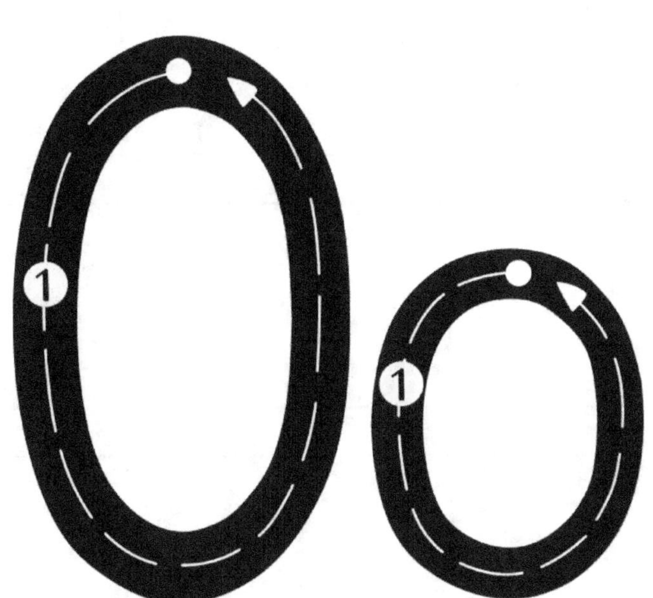

Orange

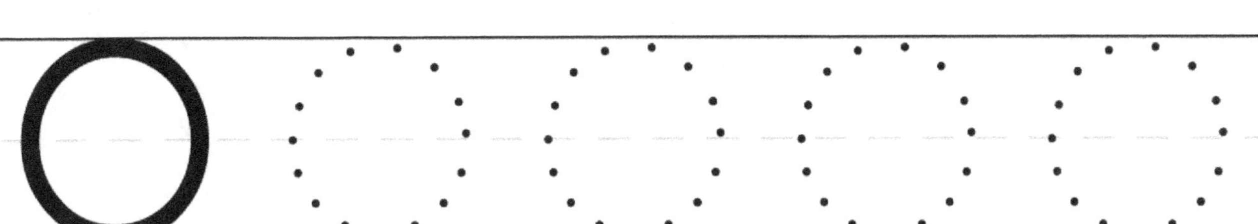

A B C D E F G H I J K L M N O P Q R S T U V W X Y Z

Colorie la lettre P-p

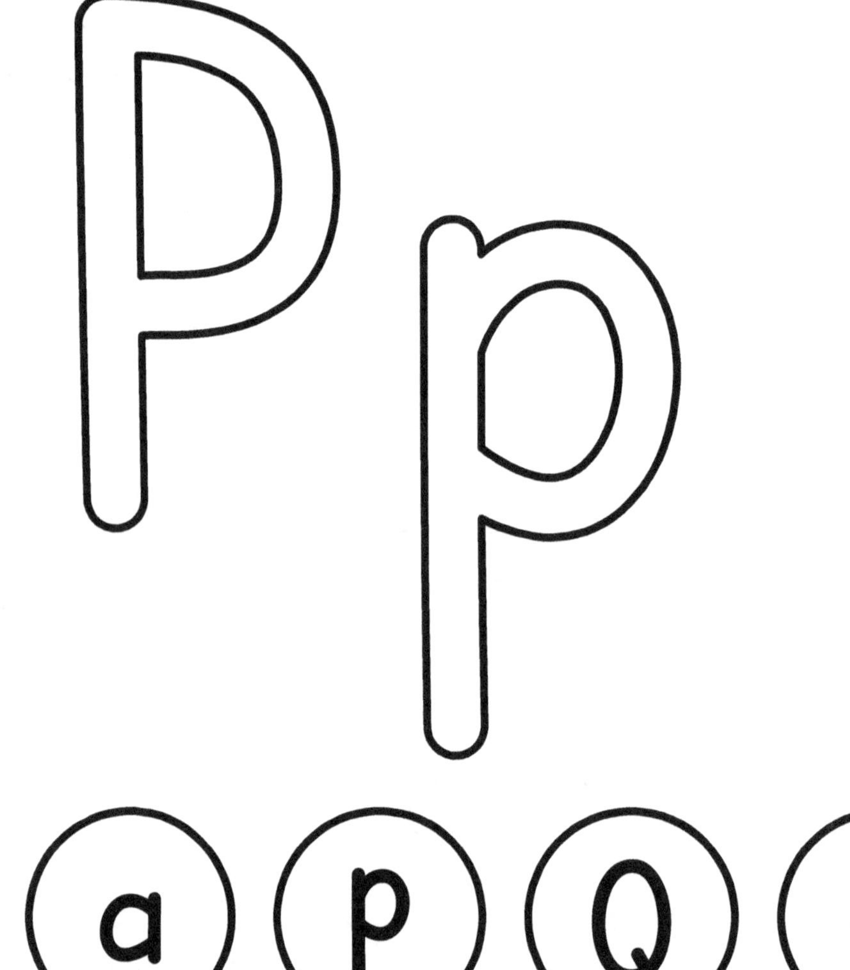

Panda

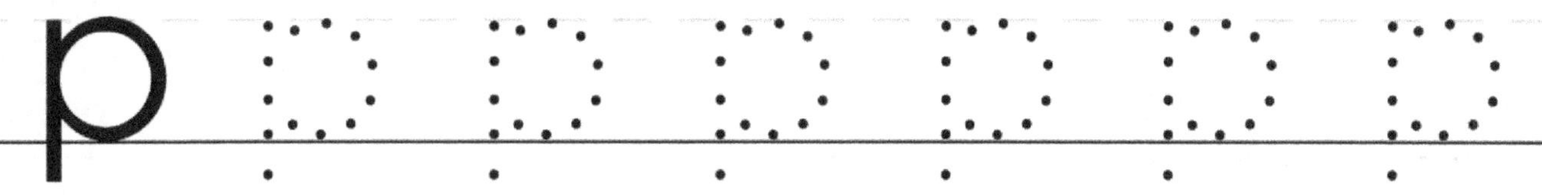

P

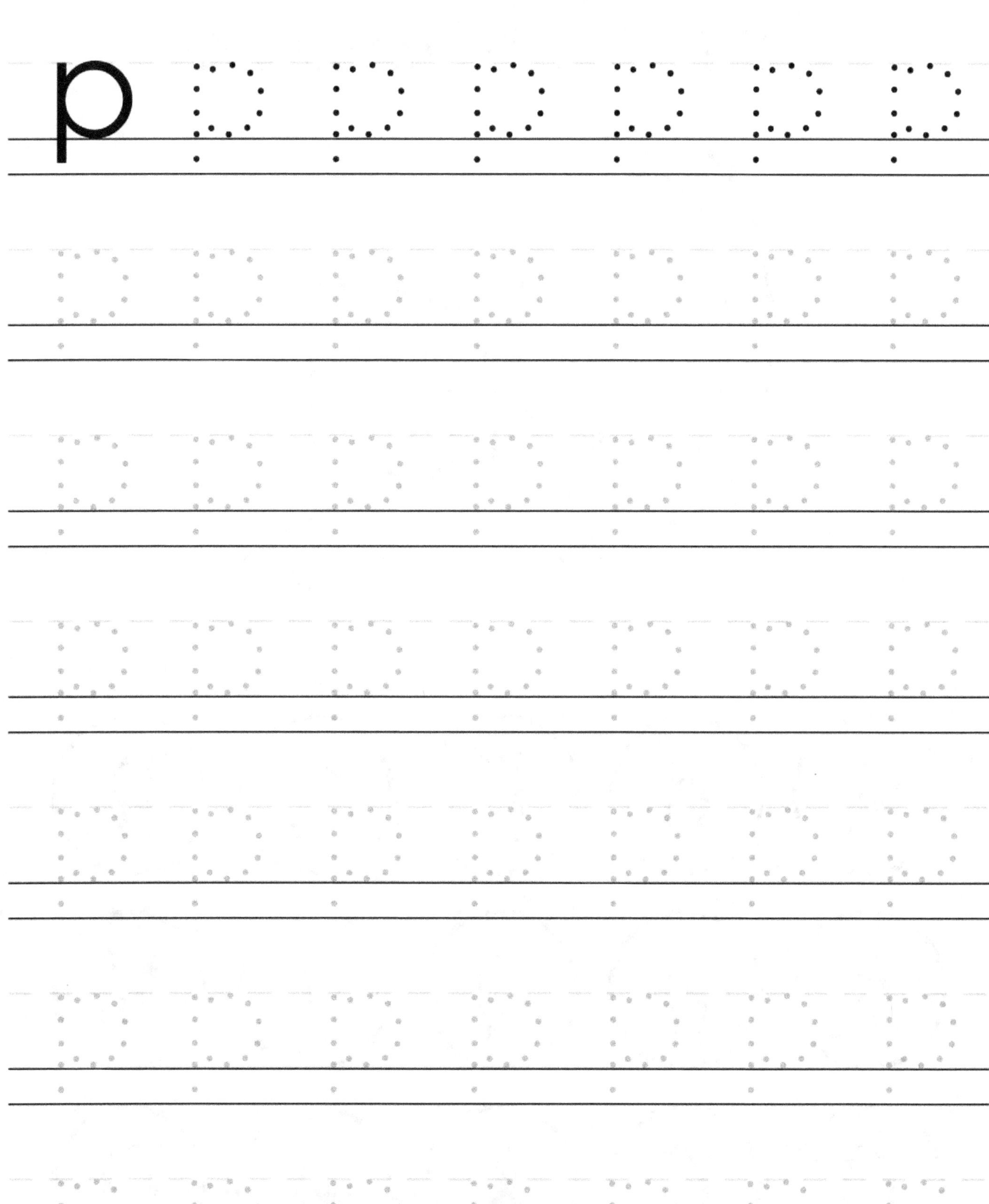

Colorie la lettre Q-q

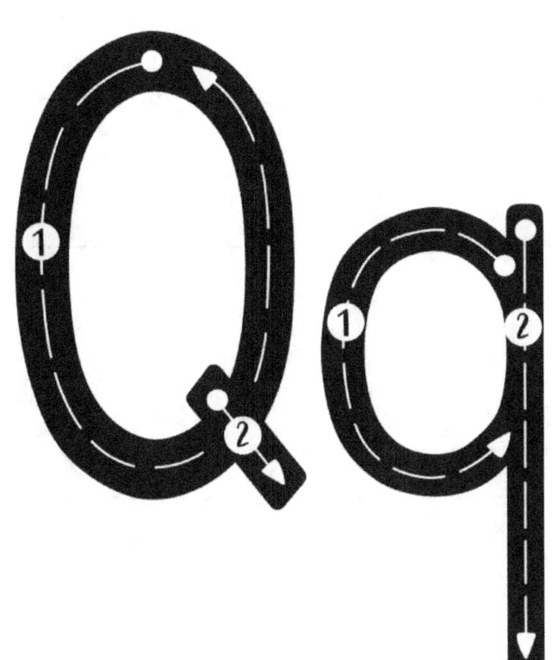

Quilles

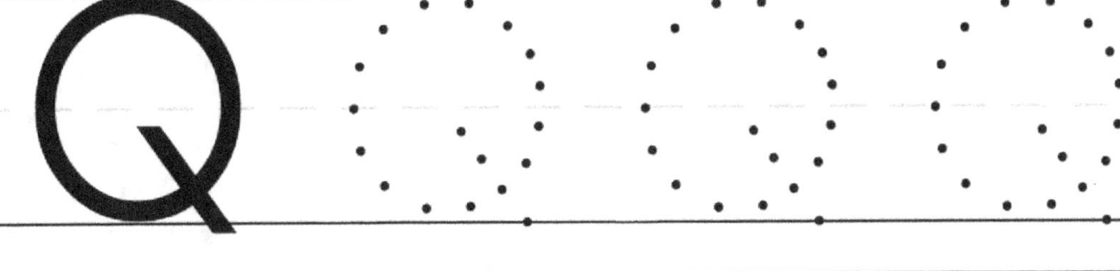

A B C D E F G H I J K L M N O P **Q** R S T U V W X Y Z

q q q q q q q

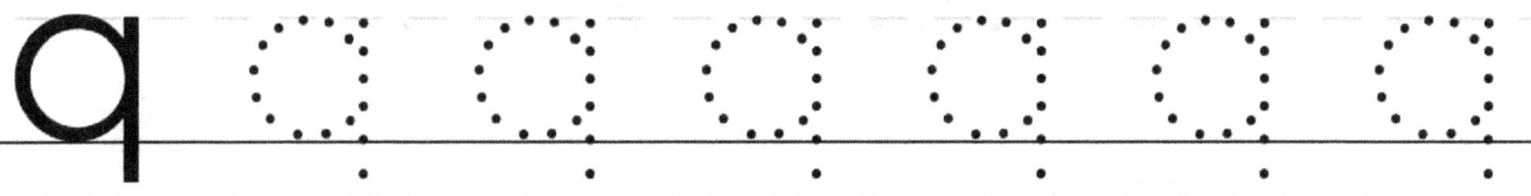

Colorie la lettre R-r

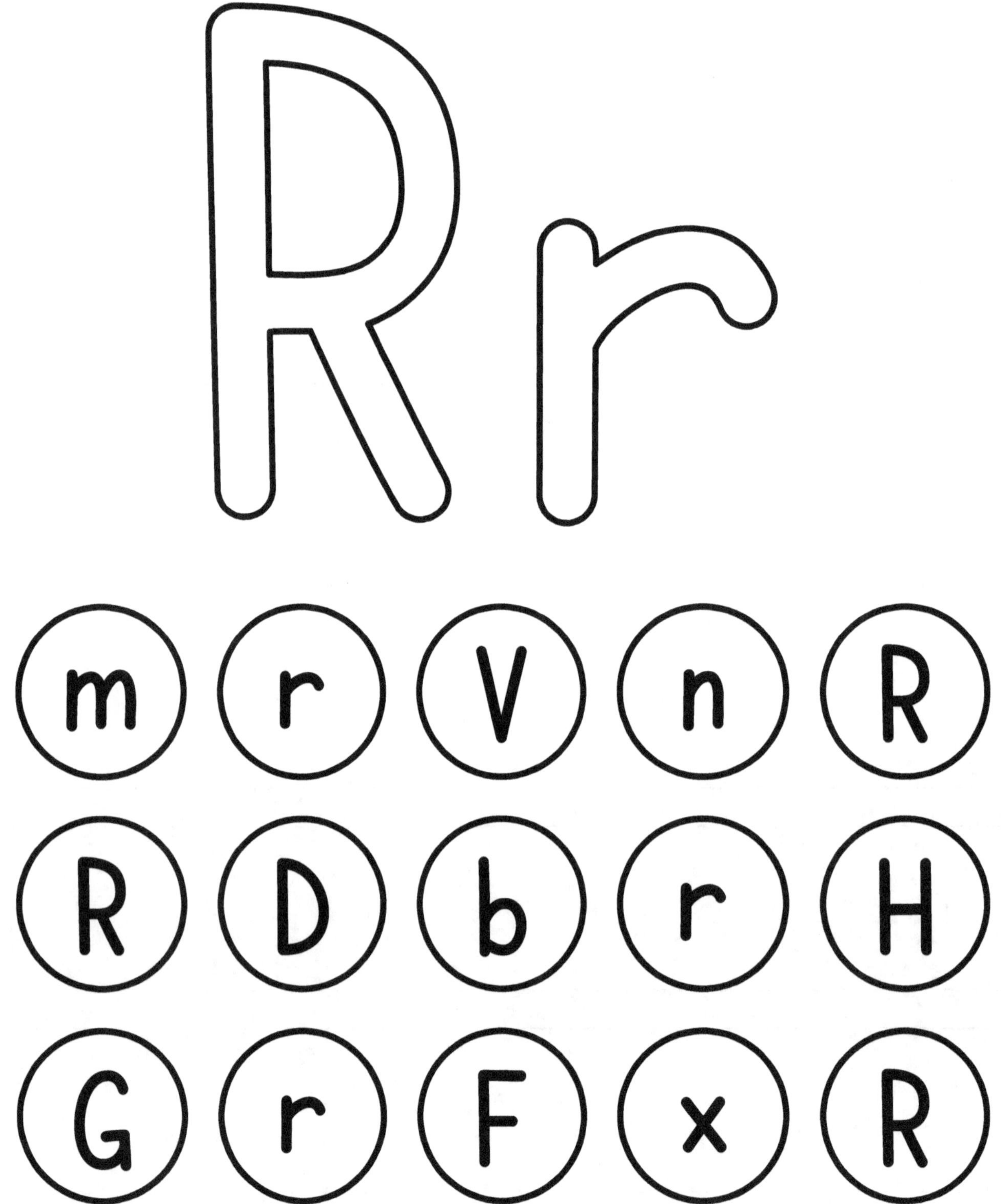

A B C D E F G H I J K L M N O P Q R S T U V W X Y Z

Robot

R

r

A B C D E F G H I J K L M N O P Q R S T U V W X Y Z

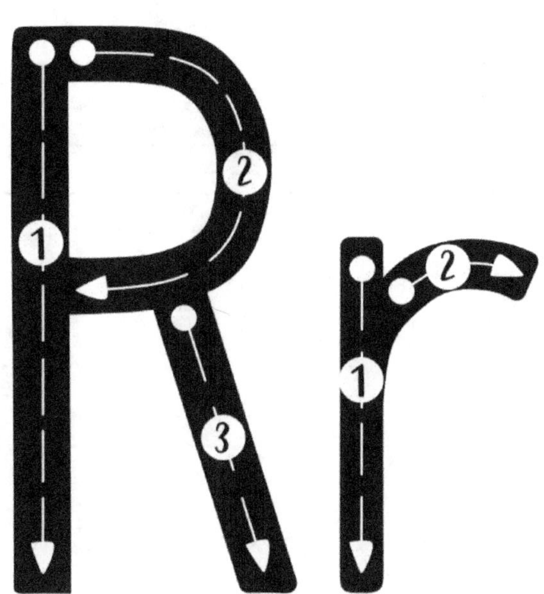

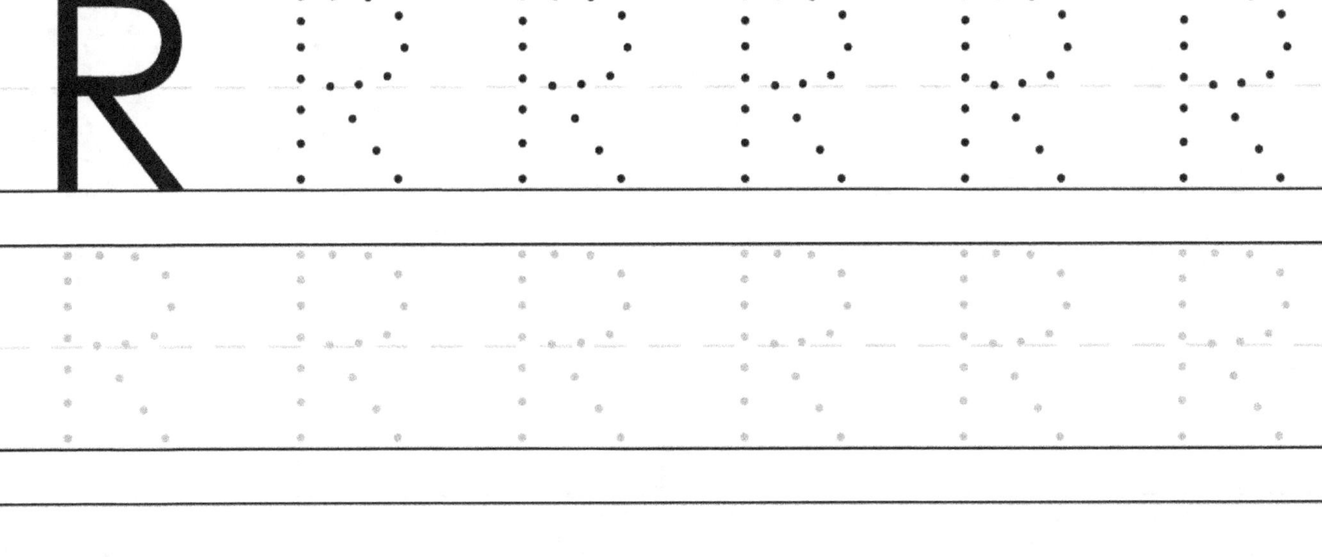

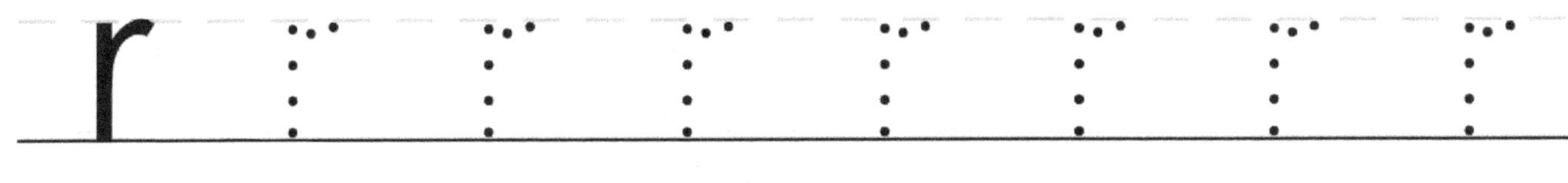

R

Colorie la lettre S-s

Singe

S S S S S S

S S S S S S

S

S

Colorie la lettre T-t

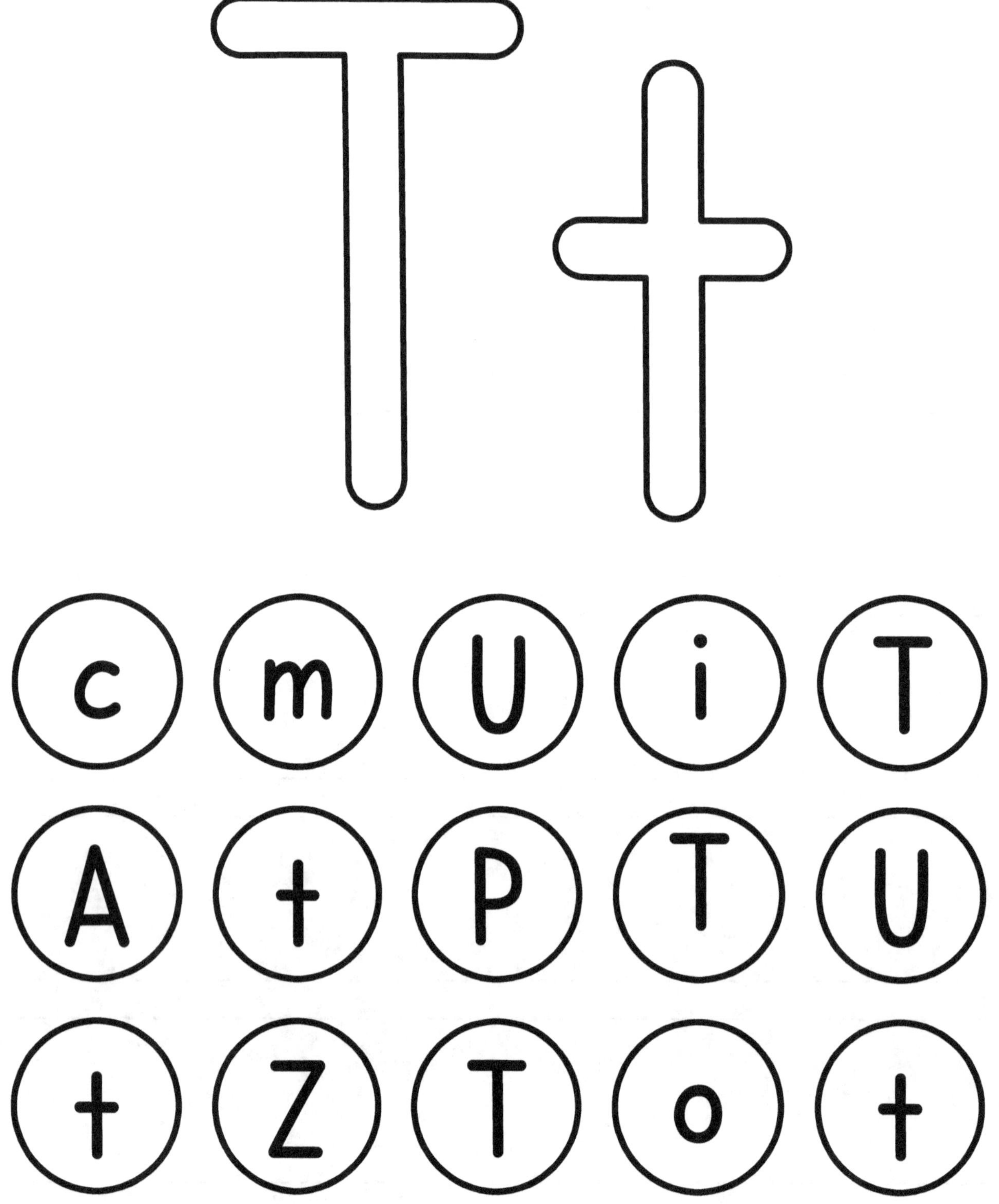

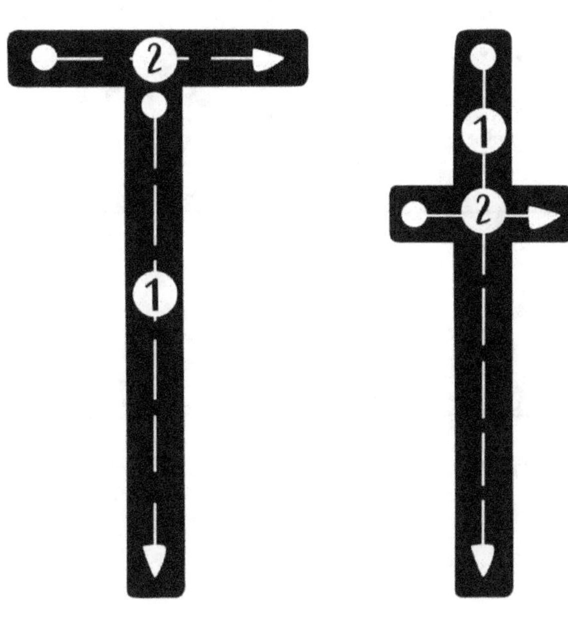

Tortue

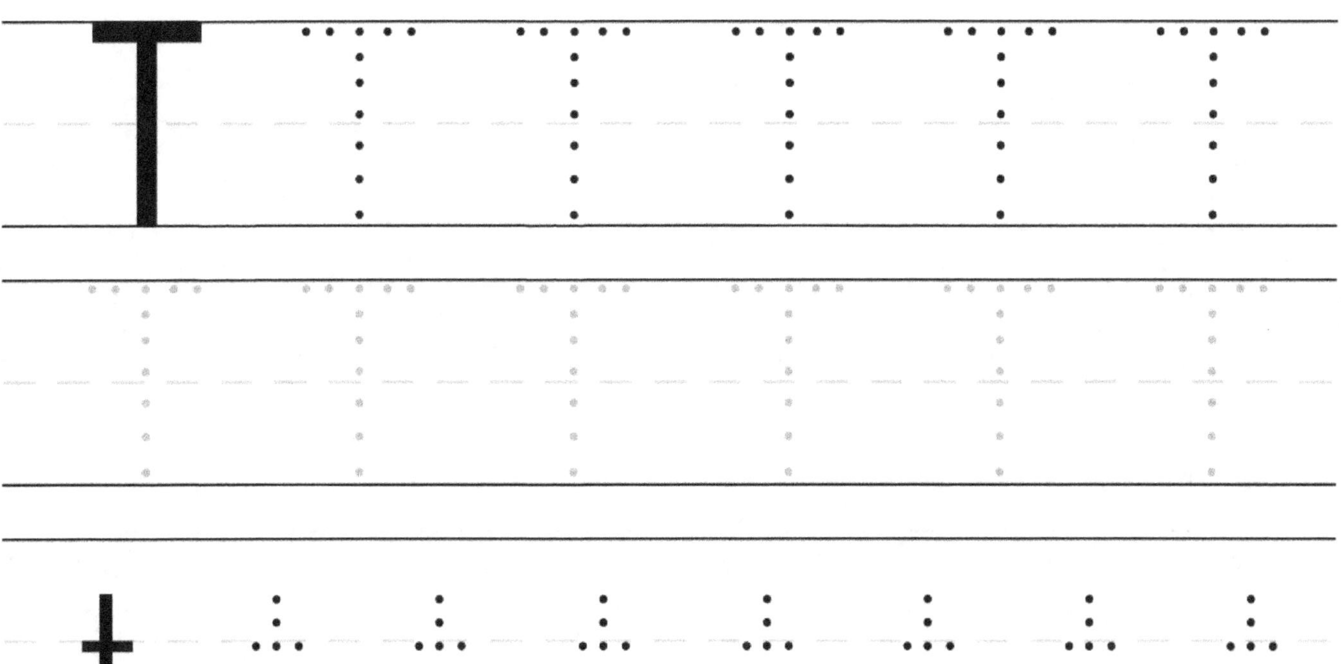

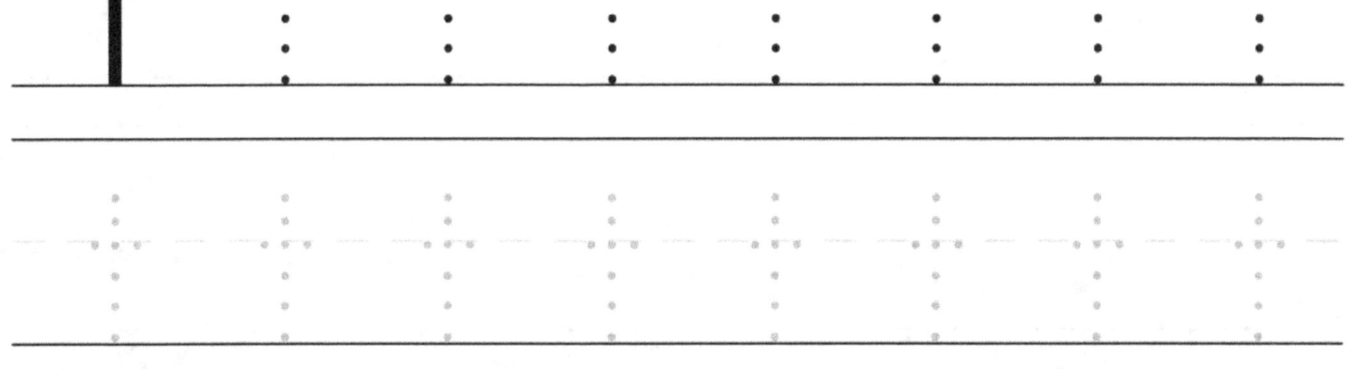

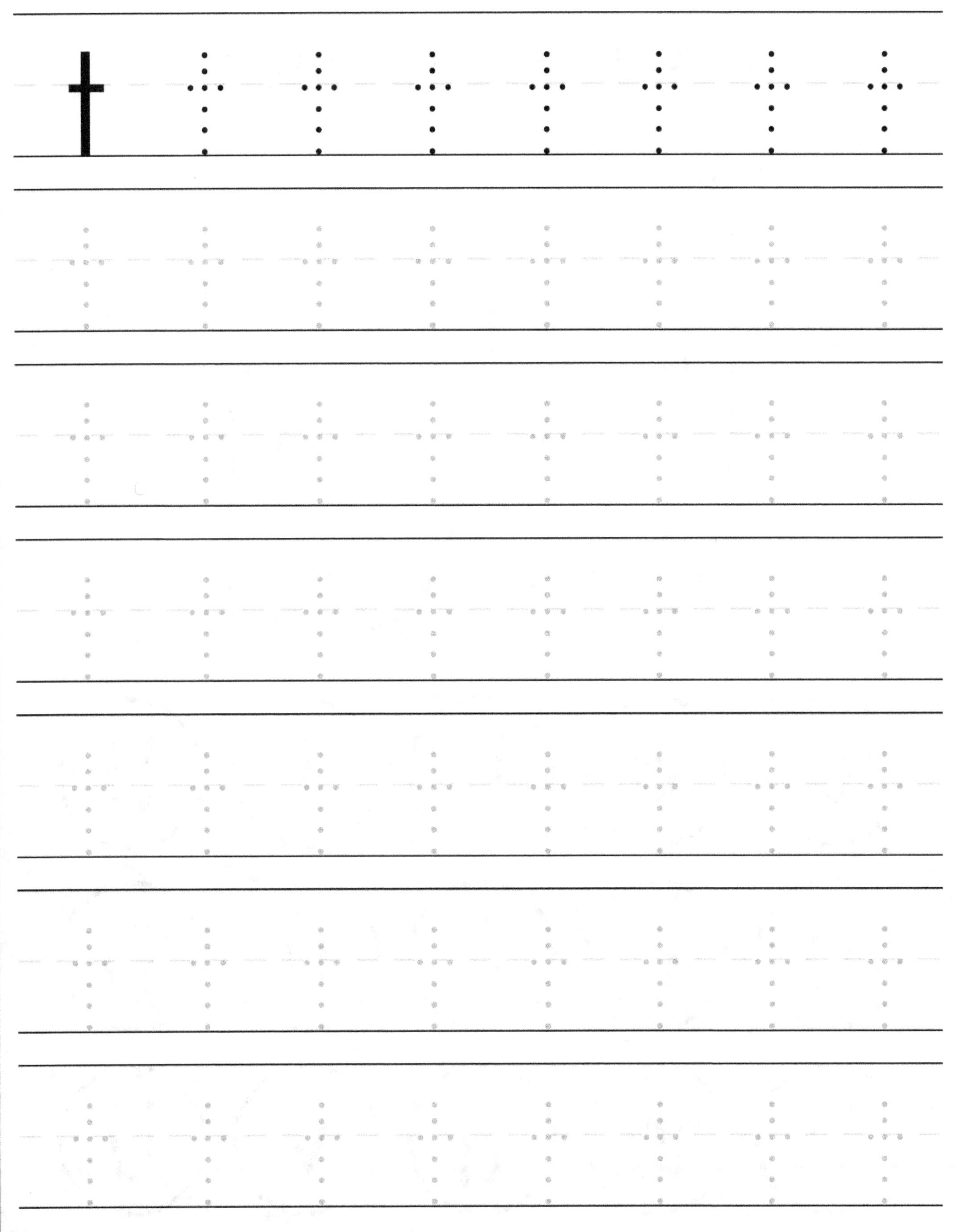

Colorie la lettre U-u

A B C D E F G H I J K L M N O P Q R S T **U** V W X Y Z

U u

Uniforme

U

u

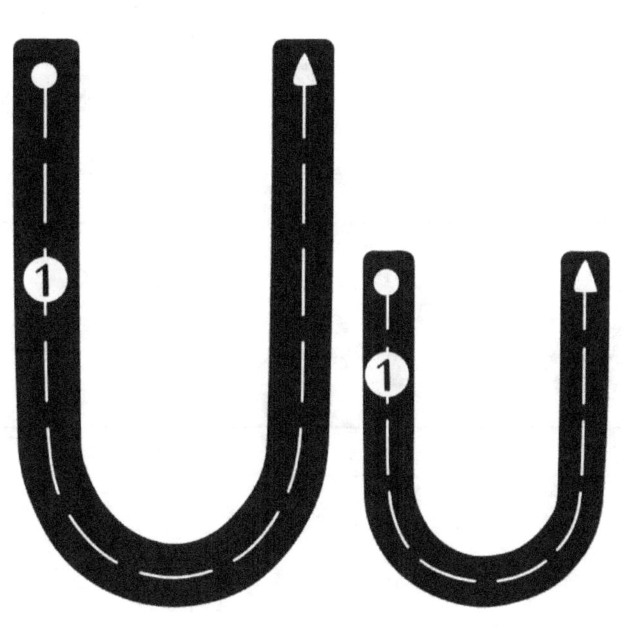

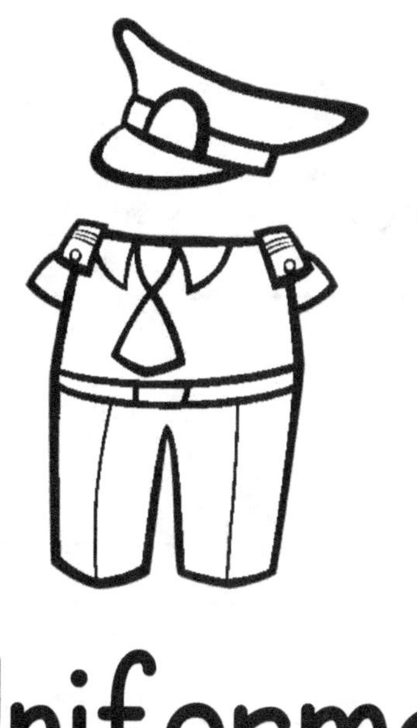

Colorie la lettre V-v

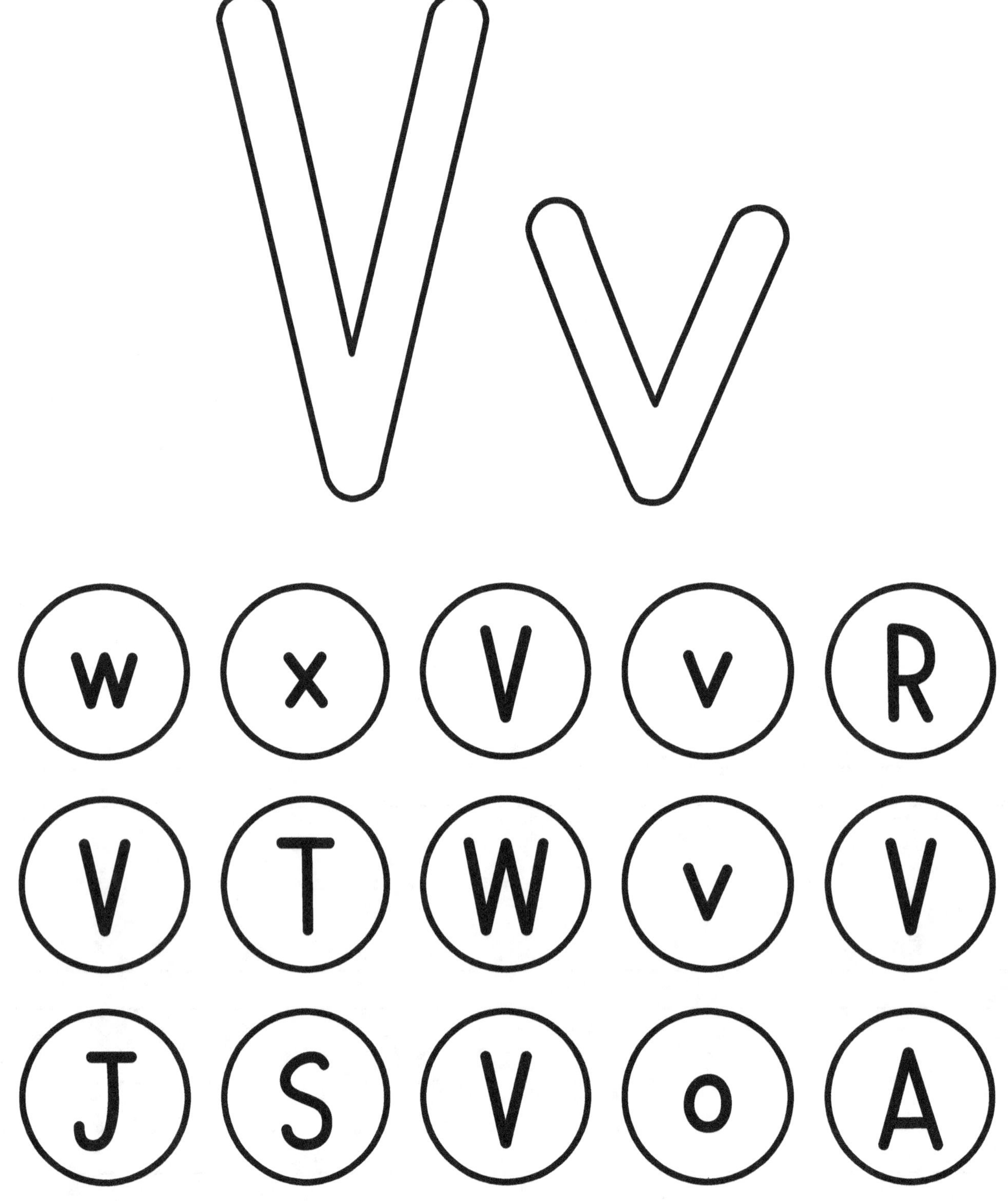

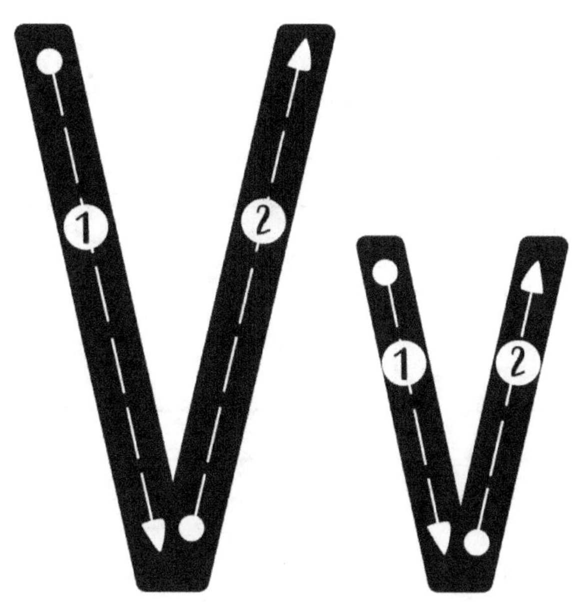

Vache

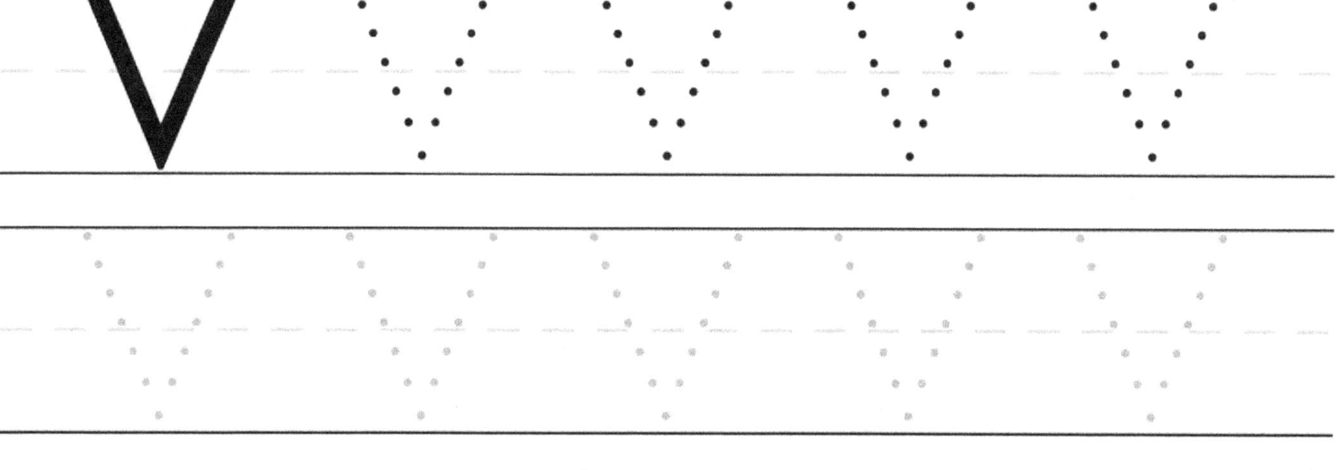

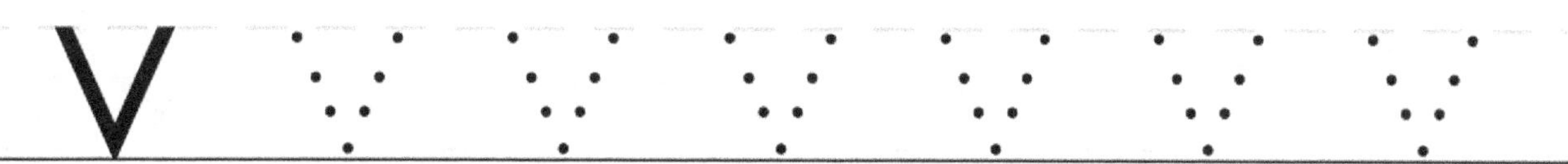

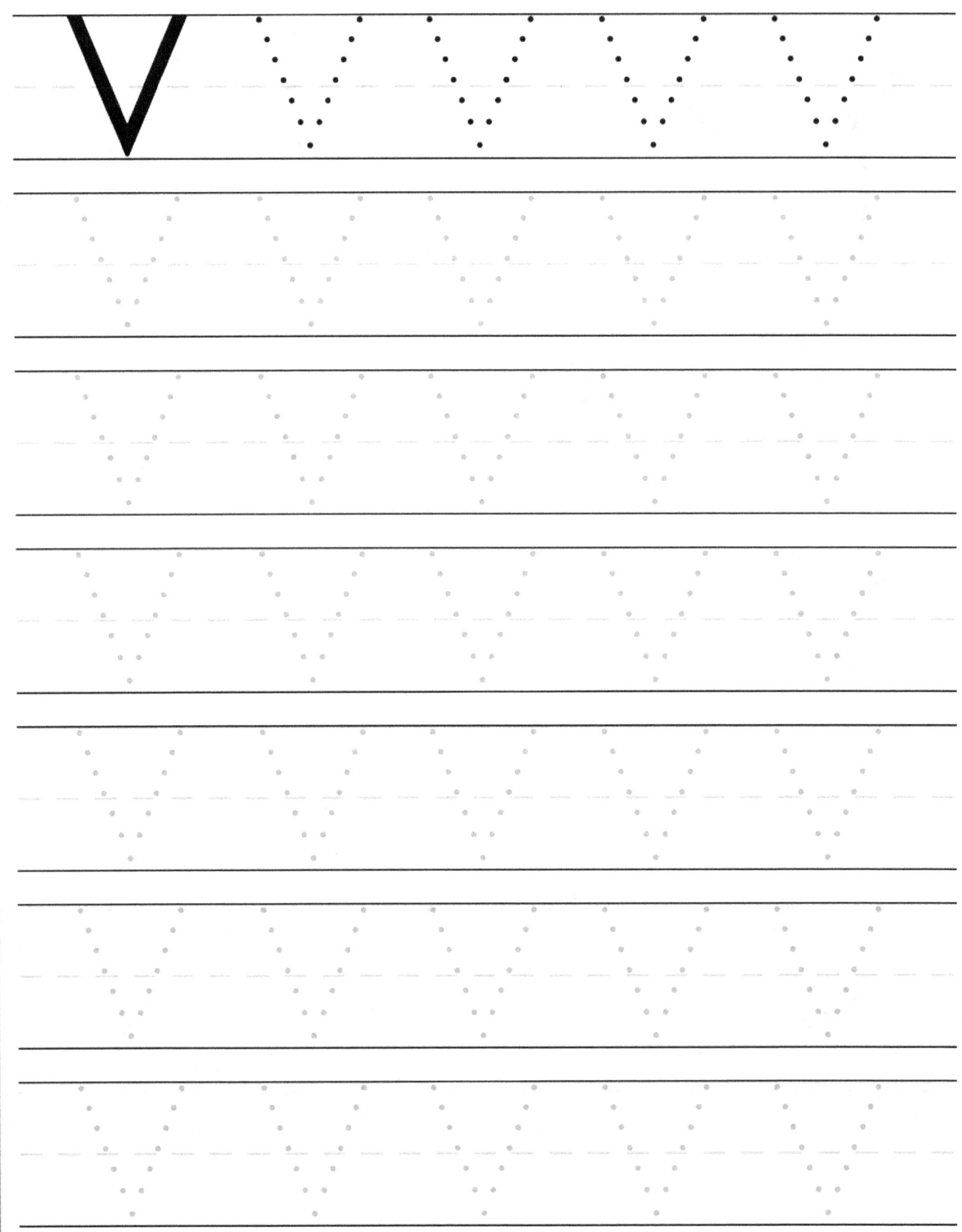

A B C D E F G H I J K L M N O P Q R S T U **V** W X Y Z

V

Colorie la lettre W-w

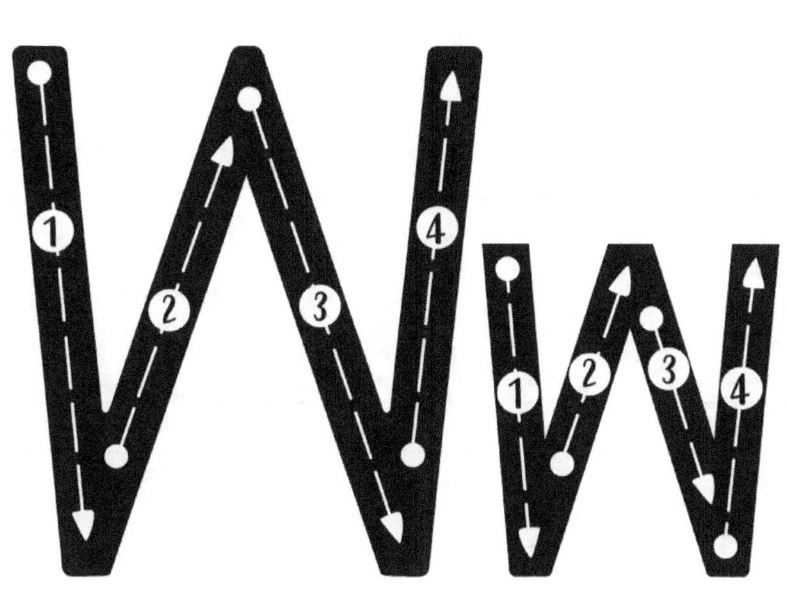

Wapiti

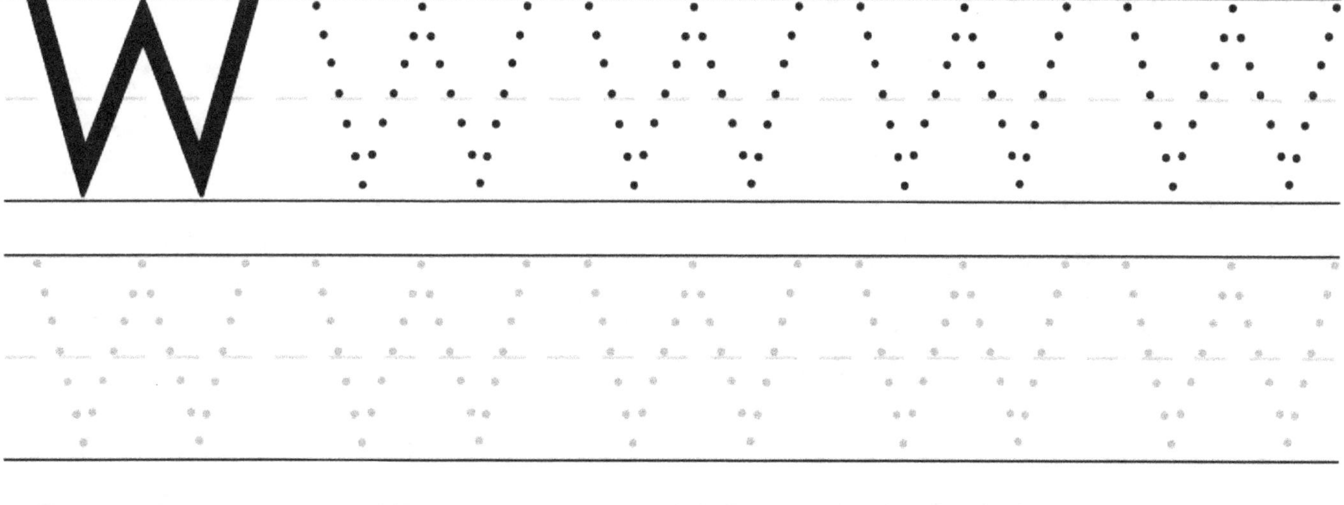

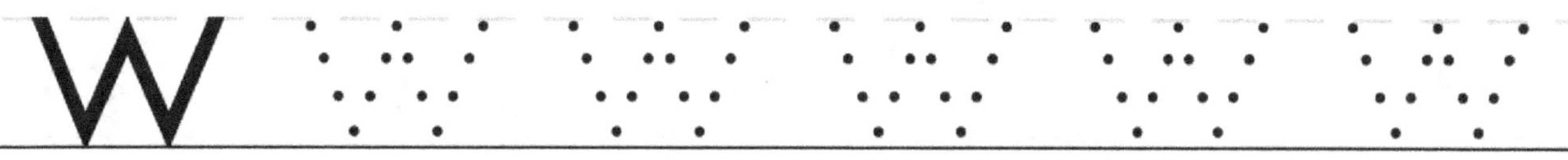

W

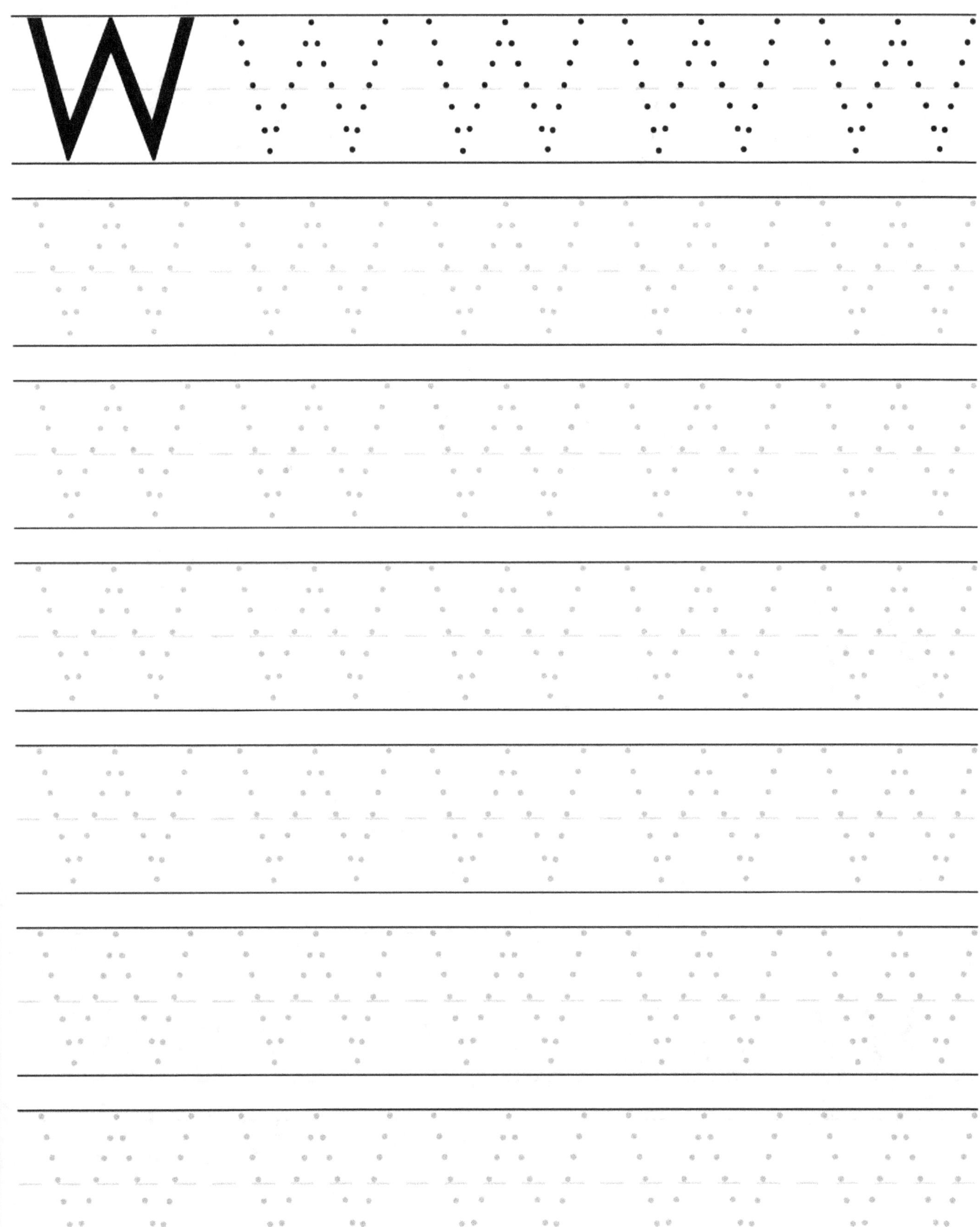

W

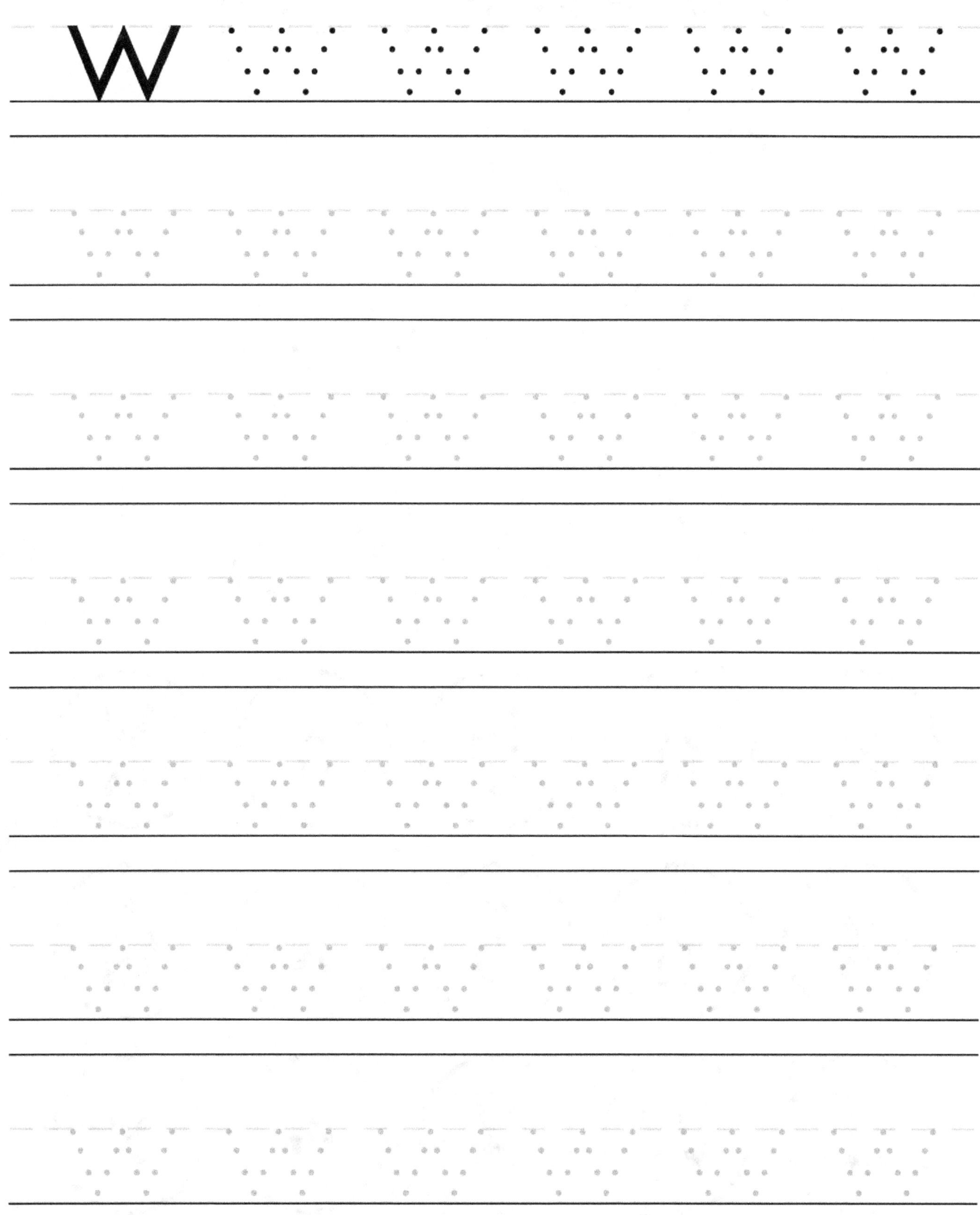

Colorie la lettre X-x

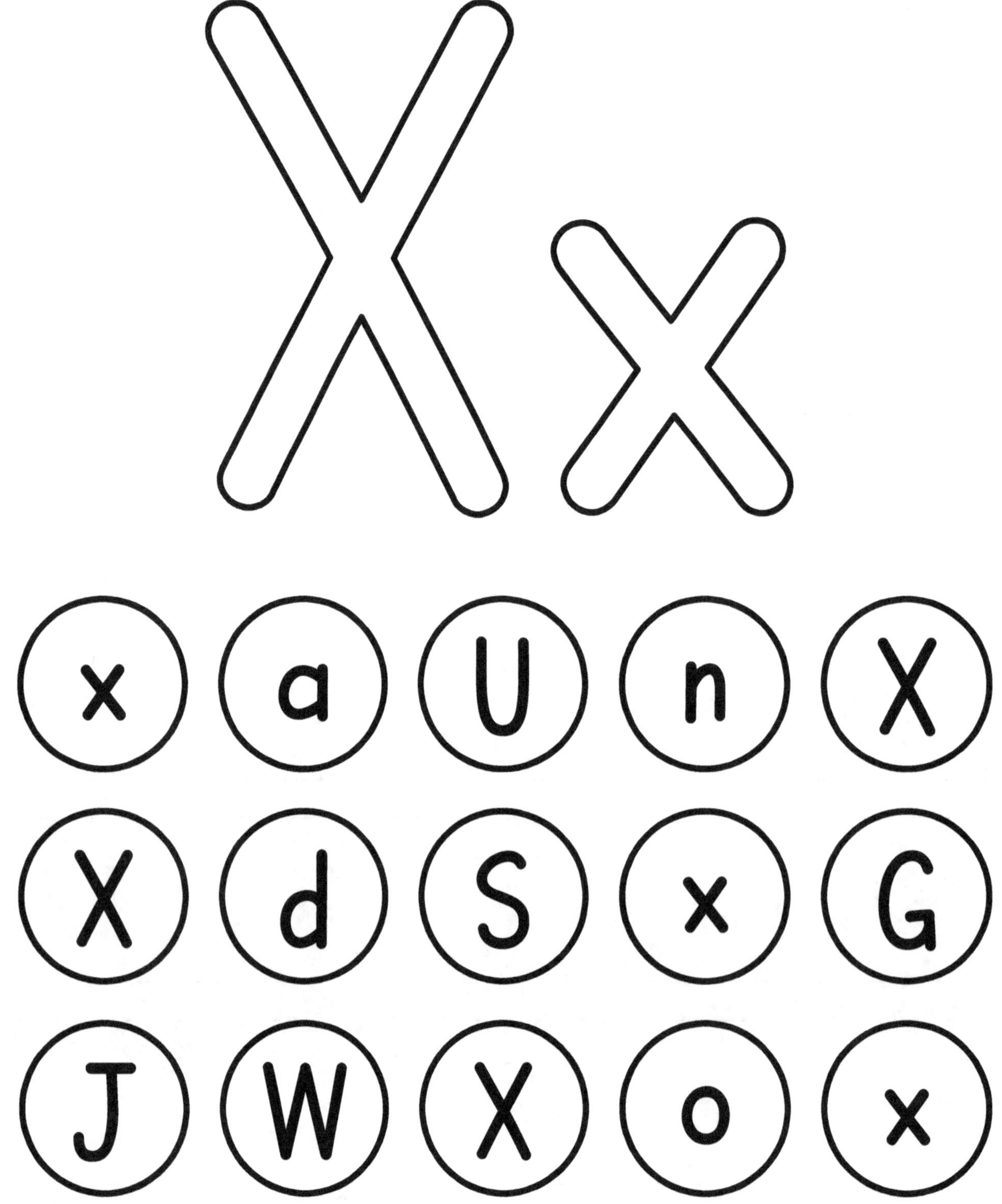

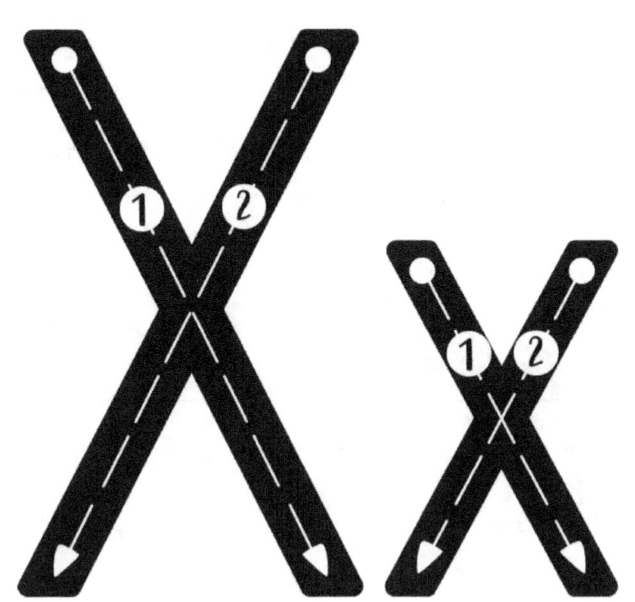

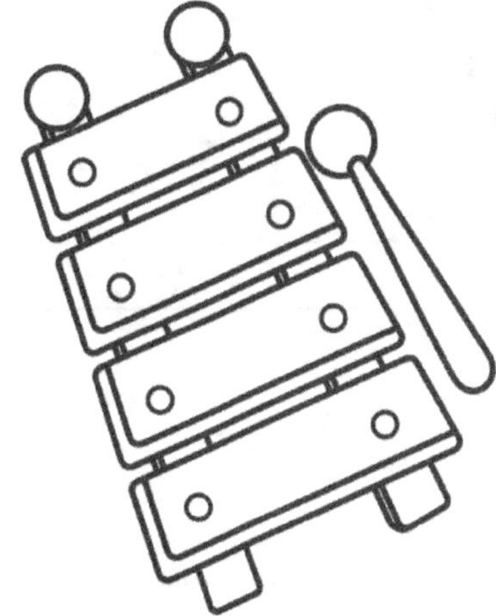

Xylophone

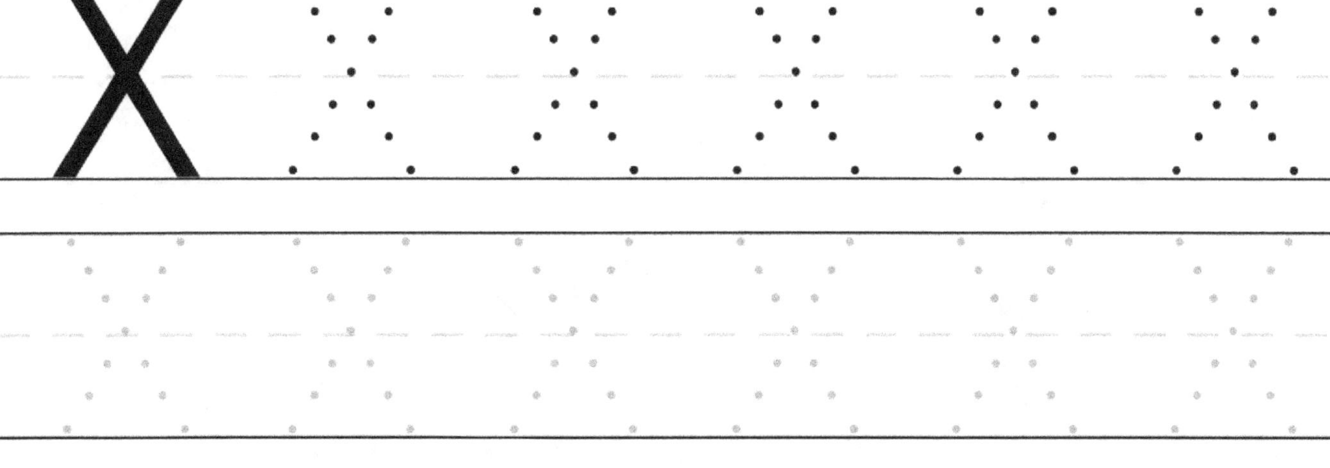

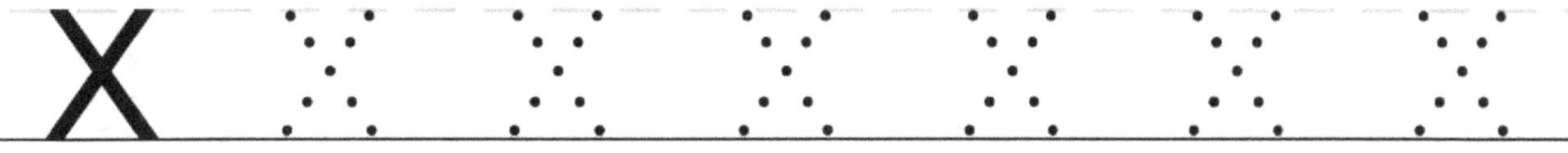

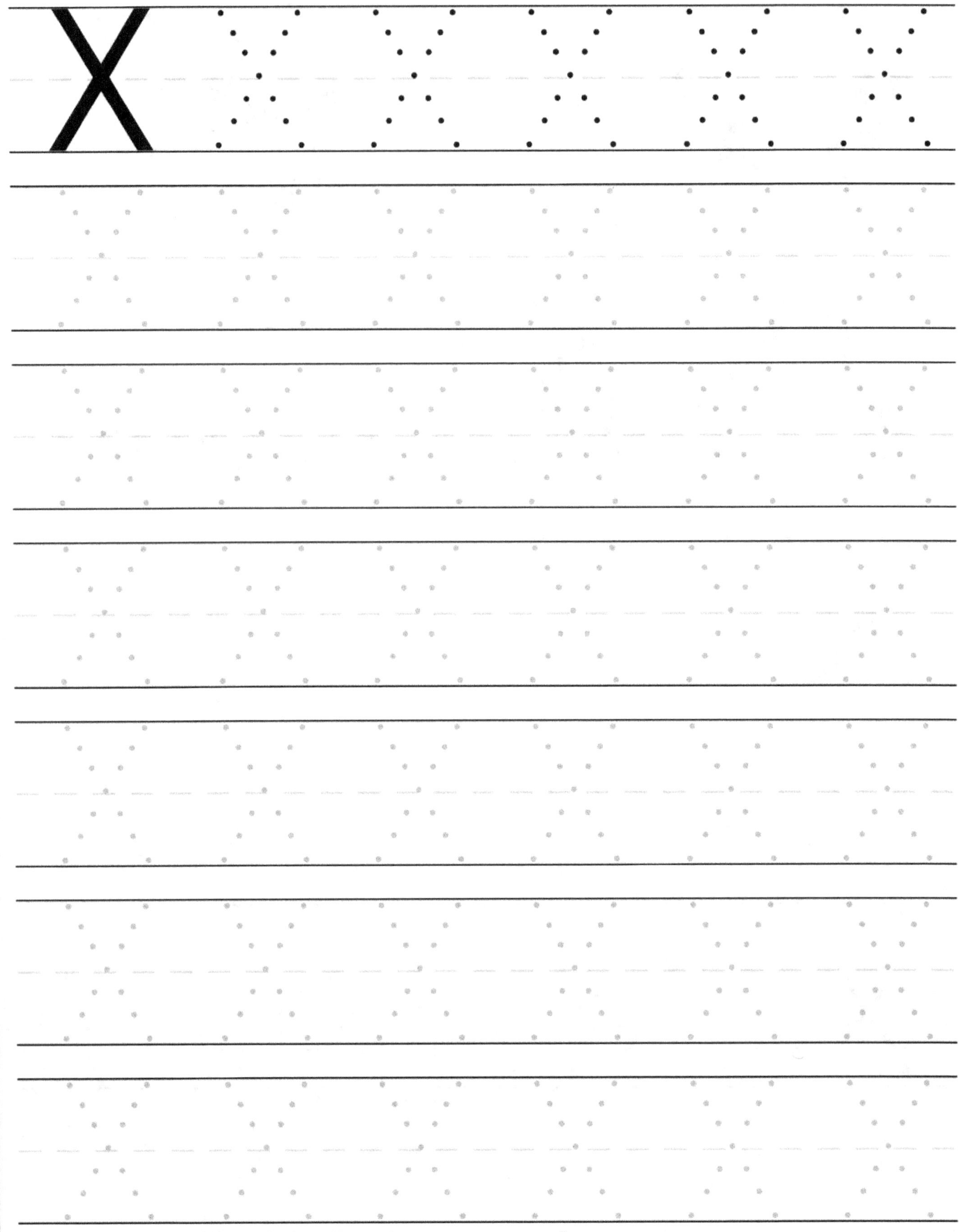

Colorie la lettre Y-y

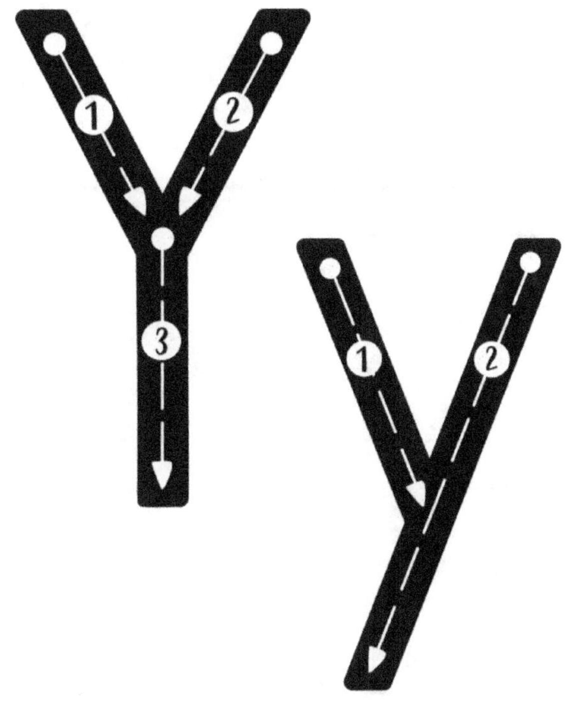

Yoyo

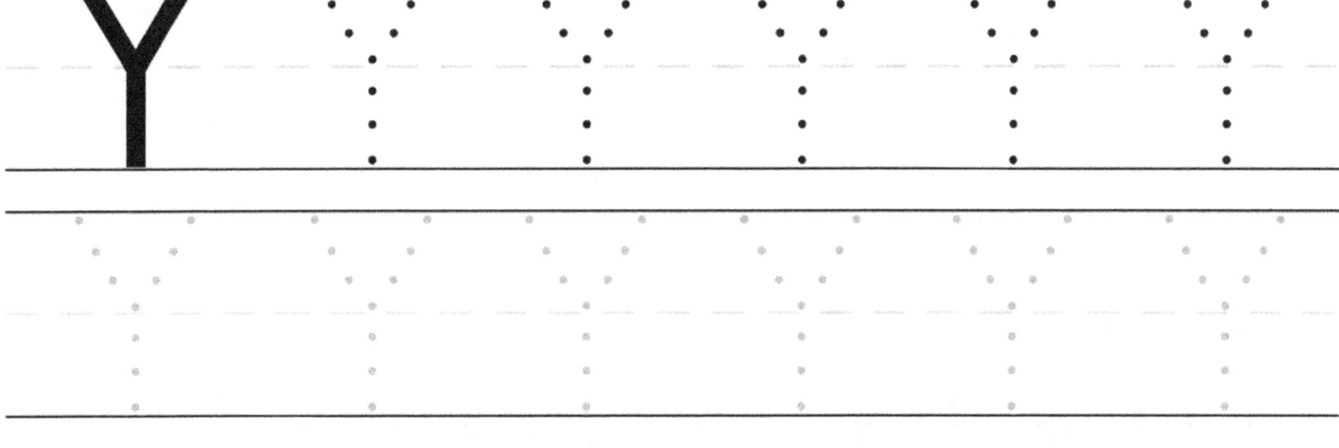

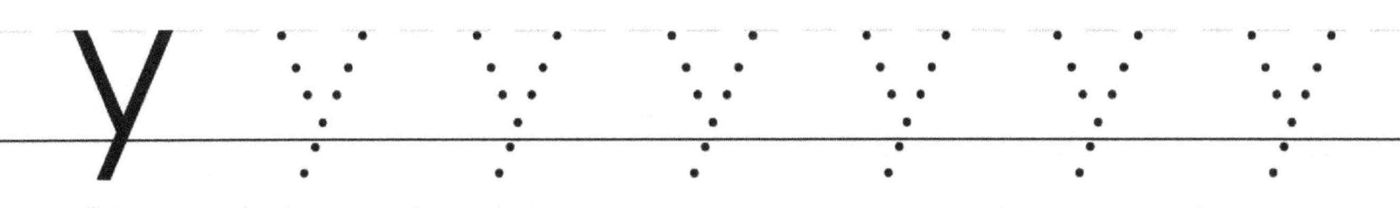

Y

y

Colorie la lettre Z-z

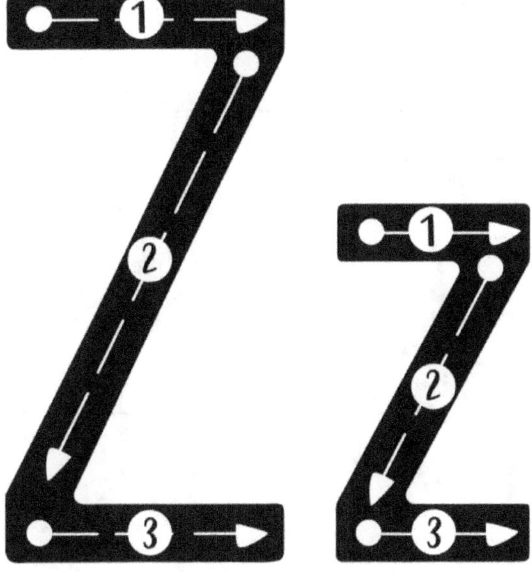

Zèbre

Z

z

Z

Z

Z Z Z Z Z Z